Eddy
+
Fiete

Yuna
+
Emma

Wiebke

Conni und der Segelausflug

Abenteuerspaß mit Conni

Band 1:
Conni im Ferienlager

Band 2:
Conni und der Segelausflug

Conni und der Segelausflug

Von Barbara Iland-Olschewski
Mit Illustrationen von Sabine Legien

CARLSEN

Bingo!

„Ich habe gewonnen!", trällert Oma Marianne, als Conni ihr und Opa Willi die Haustür öffnet. Es ist Sonntagnachmittag, Opa trägt einen selbst gebackenen Kirschstreuselkuchen an Conni vorbei ins Haus.

Mama, Papa und Jakob kommen in den Flur, um Opa und Oma zu begrüßen.

„Stellt euch vor, Marianne hat gestern beim Feuerwehrfest den Hauptpreis abgesahnt", erzählt Opa Willi stolz.

„Sahne von der Feuerwehr?", fragt Jakob. Er linst auf das Backblech in Opas Händen und leckt sich die Lippen. „Für den Streuselkuchen?"

„Nein, nein, *abgesahnt* bedeutet, dass Oma sich den Hauptgewinn geschnappt hat", erklärt Opa.

„Einfach so?" Jetzt starrt Jakob

auf Omas Handtasche, als erwarte er, dass ihre Beute da drinstecke.
Oma winkt ab. „Das ging schon alles mit rechten Dingen zu." Noch bevor sie im Wohnzimmer sind, sprudelt die ganze Geschichte aus ihr heraus: „Es gab ein Bingo-Spiel für einen guten Zweck. Euer Opa hat das Startgeld gezahlt …"
„… und eure Oma hat gezockt", ergänzt Opa.
Oma Marianne fischt ein Foto aus ihrer Handtasche und legt es triumphierend auf den gedeckten Kaffeetisch. „Das ist mein Gewinn."
Eine wunderschöne Segeljacht ist auf dem Foto zu sehen. Strahlend weiß scheint sie auf dem glitzernden Wasser zu schaukeln. So eine große Jacht hat Conni bisher höchstens im Fernsehen gesehen, in Oma Mariannes Lieblingsserie, in der reiche Menschen das ganze Jahr über Urlaub an

irgendeinem tollen Strand machen. Die Sonne lässt die Segel vor dem türkisfarbenen Meer leuchten. Das sieht unheimlich sommerlich und gemütlich aus.

„Du hast ein Schiff gewonnen?“, staunt Conni.

„Nicht das ganze Schiff“, antwortet Oma. „Aber ein Segelwochenende darauf. Den Preis hat die Familie Scheffelholm gespendet.“

„Gehört das Schiff denen?“, fragt Jakob.

Oma nickt. „Den Scheffelholms gehören sogar mehrere Jachten.“

„Sind die reich?“, will Jakob nun wissen. „Wie eine Königsfamilie?“

Opa lacht. „Kann man so sagen!“

„Haben die auch ein Schloss?“, fragt Jakob weiter.

Conni muss schmunzeln. Wenn Jakob erst einmal anfängt zu fragen, hörte er meist so schnell nicht wieder auf. Neugierig ist sie aber auch. Wie so reiche Menschen wohl leben? Sie kann sich gar nicht vorstellen, wie das

wäre, wenn ihre Familie ein eigenes Schiff hätte. Sie würde Anna, Paul und Billi dorthin einladen, bestimmt könnten sie darauf gut spielen und eine tolle Zeit haben!
„Nein, ein Schloss haben die Scheffelholms nicht", antwortet Papa auf Jakobs Frage. „Aber ihnen gehört eine Fabrik, mit der sie das viele Geld verdienen."
„Ihre Jachten vermieten sie an Gruppen", erzählt Oma. „Nur ist Segeln eine sportliche Angelegenheit, man muss sich um alles Mögliche kümmern. Für so was bin ich schon zu alt." Sie strahlt Conni an. „Darum dachte ich, dass DU für mich segeln könntest. Es gibt nämlich auch ein Segelwochenende für Kinder. Was meinst du?"
Conni wird ein bisschen schwindelig – was hat Oma gerade gesagt? Sie soll segeln gehen? „Wirklich?", fragt Conni überrascht.
Oma Marianne lächelt. „Ja. Würde dir das Spaß machen?"
Conni stellt sich sofort das Meer vor, das Rauschen der Wellen und die

weißen Segel, aufgebauscht vom Wind … Sie spürt ein Kribbeln im Bauch, überlegt nicht lange und fällt ihrer Oma glücklich um den Hals. „Und ob! Wie toll! Danke, Oma!“
Doch im nächsten Moment ist sie es, die auf einmal tausend Fragen hat: Wie viele Kinder passen wohl auf so eine Segeljacht? Wo segeln sie hin und wer wird noch mit dabei sein? Darf man auf dem Schiff übernachten? Muss man die ganze Zeit beim Segeln helfen oder kann man auch mal schwimmen gehen, wenn man sowieso auf dem Wasser ist? Und vor allem: Wird sie alles Nötige auf dem Schiff lernen oder muss sie etwa vorher noch zum Segelunterricht? Doch bevor sie auch nur eine dieser Fragen aussprechen kann, ruft Jakob:
„Ich will auch segeln!“

Ups – daran hat Conni gar nicht gedacht. Aber ist Jakob nicht viel zu klein für so ein großes Schiff? Mama legt eine Hand auf Jakobs Schulter. „Ich denke, wir essen jetzt erst mal ein Stück Kuchen und besprechen das alles in Ruhe."

„Für die Sahne sorge ich, schnell wie die Feuerwehr." Papa zwinkert Jakob zu, nimmt Opa das Kuchenblech ab und verschwindet damit in der Küche.

Rasend schnell verputzt Conni ihr Kuchenstück. Mit Sahne ist der Streuselkuchen einfach perfekt. Normalerweise würde Conni es sich jetzt satt auf dem Sofa gemütlich machen, aber heute ist daran natürlich nicht zu denken.

„Darf ich zum Segeln?", fragt sie, noch bevor sie den letzten Krümel richtig runtergeschluckt hat.

„Bitte!" Sie sieht Mama und Papa mit flehenden Augen an – wie Nicki, der Hund ihrer Freundin Anna, wenn er ein Leckerli haben möchte. Hoffentlich sind Mama und Papa nach dem tollen Kuchen gut gelaunt und erlauben es.

Conni möchte einfach zu gern mit den anderen Kindern aufs Schiff und den Wind und die Wellen spüren!
„Aber ich will auch mit“, quengelt Jakob.
Oma streichelt ihm liebevoll über den Kopf.
„Leider muss man mindestens acht Jahre alt sein, um teilnehmen zu können“, erklärt sie zerknirscht.
Papa blickt nun ernst über den Tisch zu ihr.
„Ehrlich gesagt, finde ich es nicht fair, wenn Conni

so ein großes Geschenk von euch bekommt und Jakob zu Hause bleiben muss."
Mama nickt. „Da muss ich Jürgen zustimmen."
Conni lässt den Kopf hängen. Sie versteht Mama und Papa natürlich und Jakob tut ihr auch leid. Aber sie hätte wirklich sehr gern segeln gelernt. Unauffällig schielt sie auf das Bild der Segeljacht, das neben Oma Mariannes Teller liegt.
Opa räuspert sich. „Und wenn wir alle das Wochenende am Meer verbringen? Die Segeltour startet in Stralsund, es ist wunderschön dort."
„Ja, ans Meer!", ruft Jakob begeistert.
„Also, ich weiß nicht", murmelt Papa und sieht Mama fragend an.
Mama legt ihre Hand auf seine. „Eine kleine Auszeit würde uns wirklich guttun."
„Wir könnten uns eine Ferienwohnung mieten", überlegt Papa. „Vielleicht ist es jetzt nicht so teuer, es sind ja gerade nirgends Schulferien."
„Bitte!", bettelt Jakob.
Conni beißt gespannt auf ihre Unterlippe – das wäre doch die Lösung! Aber sie will nicht auf Mama

und Papa einreden, ein falsches Wort und sie entscheiden sich womöglich dagegen …
Doch Mama blickt Papa in die Augen und lächelt.
Papa holt tief Luft. „Na gut."
„JAAA!", ruft Conni. Sie springt auf und tanzt vor Freude um den Kaffeetisch herum. „Danke, Oma!"
Dann umarmt sie ihre Eltern. „Danke."
Jakob macht es seiner Schwester nach und drückt Opa Willi ganz fest. „Danke, Opa! Danke für die leckere Sahne von der Feuerwehr, Papa!"
Die ganze Familie lacht glücklich.

Familie Klawitter fährt ans Meer

Ein paar Wochen später ist es so weit. Conni prüft noch einmal die Liste, die sie bei der Anmeldung fürs Segelwochenende bekommen hat.

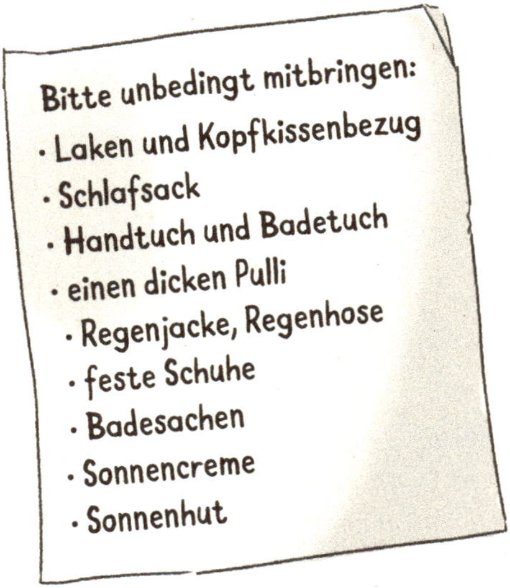
Bitte unbedingt mitbringen:

- Laken und Kopfkissenbezug
- Schlafsack
- Handtuch und Badetuch
- einen dicken Pulli
- Regenjacke, Regenhose
- feste Schuhe
- Badesachen
- Sonnencreme
- Sonnenhut

Mama hat schon alles auf Connis Bett bereitgelegt. Conni muss die Sachen nur noch zu den übrigen Kleidungsstücken in ihre Reisetasche stecken. Einen

Koffer soll sie nicht mitnehmen, dafür ist an Bord kein Platz und die Tasche lässt sich besser verstauen.
Obendrauf packt Conni einen roten Fischerhut, den Anna ihr geliehen hat: „Das ist doch genau deine Farbe!“, hat Anna gesagt. „So hast du mich ein bisschen dabei und vergisst mich nicht.“ Als ob Conni sie jemals vergessen würde!
Die festen Schuhe zieht Conni gleich an. Obwohl ihr nicht ganz klar ist, wozu sie die auf dem Schiff brauchen wird. Sie fährt doch nicht zum Wandern …
„Conni, bist du fertig?“, ruft Papa. Es ist Freitagnachmittag und er ist heute extra früher von der Arbeit nach Hause gekommen. „Wir müssen in spätestens zehn Minuten los, um den Bus zum Bahnhof zu erwischen.“

Sie haben beschlossen, das Auto stehen zu lassen und den Zug nach Stralsund zu nehmen. Mama und Papa haben eine hübsche Ferienwohnung gefunden, von der aus man zu Fuß zum Meer gehen kann.
„Und Opa und Oma?“, ruft Conni zurück.
„Treffen wir am Bahnhof“, antwortet Papa.
Jakob ist schon ganz aufgeregt. „Mach schnell, Conni“, ruft er. „Sonst fährt der Zug noch ohne uns!“
Rasch zieht Conni den Reißverschluss ihrer Reisetasche zu und läuft zur Haustür.

Oma Marianne und Opa Willi warten bereits auf dem Bahnsteig und winken ihnen fröhlich, als sie dort ankommen.
Papa hat ein ganzes Abteil im Zug reserviert. So können sie unterwegs Karten spielen, während vor dem Fenster die Landschaft vorbeizieht.
„Da sind Kühe!“, ruft Jakob.
„Und Pferde und Schafe“, sagt Conni und zeigt sie

ihm. Sie freut sich, dass Jakob genauso aufgeregt ist wie sie.
Oma verteilt Obst und Butterbrote und Opa übt mit ihnen Zungenbrecher-Sprüche, an die er sich selbst nicht mehr so genau erinnern kann: *„Fischers Franz frisst freche Früchte* … Äh, nein, das ging irgendwie anders.“ Er kratzt sich nachdenklich am Kopf.
Conni genießt die Familienzeit. Fast tut es ihr leid, dass sie das Wochenende nicht mit den anderen am Strand verbringt, sondern auf der Segeljacht. Sie wird dort erst mal niemanden kennen. Wenn Oma zwei oder sogar drei Plätze auf dem tollen Schiff gewonnen hätte, hätte Conni vielleicht Anna und Billi mitnehmen können. Hoffentlich sind die Kinder, die mitsegeln, genauso nett. Aber was, wenn nicht? Conni spürt plötzlich einen Kloß in ihrem Hals.

Endlich erreichen sie Stralsund. Vom Bahnhof aus wollen sie zu Fuß zum Hafen. „Auf dem Weg sehen wir uns die schöne Altstadt an“, sagt Papa.
Mama hat schon von zu Hause aus mit dem Vermieter der Ferienwohnung telefoniert und ihn gebeten, ihr Gepäck am Bahnhof abzuholen. Der nette Mann wartet mit seinem Auto vor dem Ausgang. „Herzlich willkommen!“, begrüßt er sie freundlich.
„Wollt ihr vielleicht gleich mitfahren zur Ferienwohnung?“, schlägt Papa Oma und Opa vor.
Aber Oma schüttelt den Kopf. „Nein, ich komme mit zum Hafen. Ich will doch sehen, was ich beim Bingo gewonnen habe!“ Das möchte Opa auch.
„Ich stelle Ihr Gepäck einfach schon mal in die Wohnung“, schlägt der Vermieter vor und gibt Mama den Schlüssel für die Wohnungstür.
Dann gehen sie los. Papa trägt Connis Tasche, die braucht sie schließlich auf dem Schiff. Der alte Teil von Stralsund liegt vor der Ostsee und ist durch große Teiche vom Festland getrennt. Conni und ihre Familie bestaunen die schönen

Backsteinhäuser, die vor langer Zeit aus roten Ziegeln gebaut worden sind. Das Rathaus mit seiner hoch aufragenden Fassade ist besonders beeindruckend.
„Wann sind wir endlich da?“, fragt Jakob.
„Wir haben es bald geschafft“, sagt Mama.
Kurz darauf kommt der Jachthafen in Sicht. Seite an Seite liegen die Segelboote am Steg. Die Leinen an den Masten klappern im Wind.
Conni spürt wieder das Kribbeln in ihrem Bauch – auf einem davon wird sie die nächsten Tage verbringen! Welches es wohl ist?

„Oje, wie sollen wir denn da das richtige Schiff finden?“, fragt nun auch Papa.

„Da vorne ist es!“, ruft Conni plötzlich. Sie hat die Jacht erkannt, weil an Deck eine Fahne flattert, auf der *Boots-Charter Scheffelholm* steht.

Eine freundliche Frau mit roten Wangen entdeckt die Klawitters und winkt ihnen.

„Hallo! Bringt ihr mir die Conni?“

Als sie das Schiff erreichen, stellt sie sich als Wiebke vor. „Ich bin die Skipperin.“

Conni mag sie sofort. Jakob starrt Wiebke mit offenem Mund an.

„*Skipperin* ist ein anderes Wort für Kapitänin“, erklärt Oma ihm.

„Kommt doch erst mal an Bord und seht euch alles an“, sagt Wiebke.

Sie führt Conni und ihre Familie eine schmale Treppe hinunter. Unten gibt es eine kleine Küche in einem Wohnbereich mit einem Tisch und gepolsterten Bänken.
„Sie können Connis Tasche hier abstellen", sagt Wiebke zu Connis Papa und lächelt Conni an: „Wir schauen später, wo wir dich gut unterbringen."
Die Klawitters folgen der Skipperin durch den zentralen Raum zu den Kajüten. Das sind kleine Zimmer, die davon abgehen, in denen jeweils zwei bis drei Personen Platz zum Schlafen haben. Mit den vielen Erwachsenen ist es hier jetzt ganz schön voll. Jakob huscht an Opas Beinen vorbei, um alles sehen zu können. Dazu ist Conni schon zu groß. Aber sie hat ja später noch Zeit, die Jacht genauer zu erkunden.
„Das Bad ist da drüben und eine zusätzliche Toilette gibt es dort", zeigt Wiebke.
Conni hat weiche Knie. In welches der Zimmer sie wohl kommen wird?

Sprechende Hände

Aber vielleicht ist es auch gar nicht die Aufregung, vielleicht liegt Connis schwankender Gang ja an den Wellen, die das Boot hin und her schaukeln. „Die Jacht kommt mir vor wie ein großes schwimmendes Wohnmobil“, bemerkt ihr Opa. „Mir gefällt es hier“, sagt Conni. Jetzt ist sie umso mehr gespannt darauf, die anderen Kinder zu treffen.

Jakob ist genauso ungeduldig wie sie. „Wo sind denn die anderen?“, fragt er auf der Treppe zurück nach oben.

„Auf Fiete, Ruby und Eddy warten wir noch", antwortet Wiebke. „Vincent, Yuna und Niam waren schon früh hier. Sie sind noch mit meiner Tochter Emma ein Eis essen gegangen."
Conni hört aufmerksam zu. Das sind also die Jungen und Mädchen, mit denen sie die nächsten Tage verbringen wird. Nun kennt sie zumindest schon mal deren Namen.
„Wie alt ist deine Tochter?", will Jakob wissen. Manchmal ist es auch toll, dass ihr kleiner Bruder so viele Fragen stellt, denkt Conni. Dann muss sie es nicht selbst tun.
„Emma ist einundzwanzig und kommt als Betreuerin mit", antwortet Wiebke. „Außerdem kocht sie die beste Spaghettisoße, die ihr euch vorstellen könnt!"

Schließlich ist es Zeit für Conni und ihre Familie, sich voneinander zu verabschieden.
„Soll ich dir noch helfen, dein Bett zu beziehen?", fragt Mama.

Conni schüttelt den Kopf. „Nein, das schaffe ich schon."
„Aber ich könnte doch schnell …", setzt nun Papa an.
„Ich denke, Conni kommt gut zurecht", unterbricht ihn Wiebke. „Sie ist ja nicht allein."
Sie drücken sich alle noch einmal ganz fest, dann gehen Jakob, Mama, Papa, Oma und Opa von Bord.
„Viel Spaß!", ruft Oma Conni zu.
„Euch auch!", ruft Conni zurück. Sie blickt ihnen nach und spürt plötzlich den Drang, hinterherzulaufen und das Wochenende doch lieber mit ihrer Familie zu verbringen. Conni merkt, wie sich ihr Bauch zusammenkrampft. Hat sie sich womöglich zu viel zugetraut?
Aber Wiebke reißt sie schnell aus ihren Gedanken.
„Schau mal, da kommen Yuna, Vincent und Niam!" Sie zeigt zum Hafengelände.
Die drei Kinder steuern Eis schleckend zusammen mit einer jungen Frau auf die Jacht zu. Das muss

Emma sein, vermutet Conni. Der Knoten in ihrem Magen löst sich. Die sehen alle sehr freundlich aus. Als sie an Bord kommen, wird Conni sofort von den Kindern umringt und mit großem Hallo begrüßt. Sie wollen wissen, wer sie ist und wie sie heißt. „Ich bin Conni. Meine Oma hat das Segelwochenende beim Bingo gewonnen", erzählt sie aufgekratzt. Ein Junge, Vincent, grinst. „Ach, du bist das. Dann kannst du dich bei meinem Vater bedanken. Dem gehört nämlich das Boot", erklärt er angeberisch.
Conni schluckt – sie hat nicht damit gerechnet, dass jemand aus der

Familie Scheffelholm mitsegeln würde, schon gar nicht ein Kind. Irgendwie fühlt sich das komisch an. Aber sie weiß auch, dass sie nicht nur wegen Vincents Vater hier ist, auch wenn der Junge das zu glauben scheint. Schließlich hat ihre Oma das Segelwochenende ganz fair beim Feuerwehrfest erspielt.

„Ich hab mich schon bei meiner Oma bedankt", sagt Conni deshalb. Trotzdem hat sie das Gefühl, auch noch etwas Nettes hinzufügen zu müssen. „Das Boot ist wunderschön", bemerkt sie begeistert.

„Gibt's hier eine Piratenflagge?", fragt der andere Junge, der Niam heißt.

Vincent schnauft kopfschüttelnd. „Schon mal was von Piraten auf der Ostsee gehört?"

Niam zuckt mit den Schultern. „Na und? Wir können doch so tun, als ob."
Das Mädchen in der Gruppe sieht Conni mit großen Augen an.
„Das ist Yuna", stellt Emma sie vor.
Yuna hebt die Hand neben ihrem Körper zu einem leichten Winken.
„Das bedeutet Hallo. Yuna ist gehörlos", erklärt Emma. „Du solltest sie beim Sprechen ansehen. Manches kann sie von den Lippen ablesen, aber nicht alles. Du musst etwas deutlicher und langsamer sprechen als sonst, aber nicht übertrieben und auch nicht lauter."
„Hallo", sagt Conni zu Yuna.
Emma hebt ihre Hände und gebärdet etwas. Dabei

bewegt sie ihren Mund, doch es kommen keine Worte heraus. Yuna antwortet auf die gleiche Weise. Conni beobachtet die beiden fasziniert. „Woher kannst du das?“, fragt sie Emma.

„Gebärden?“ Emma lächelt. „Yuna wohnt bei uns im Haus. Unsere Mütter sind gut befreundet. Yunas Mama ist auch gehörlos, deshalb bin ich mit der Gebärdensprache aufgewachsen.“

Yuna lächelt Conni an.

„Was hältst du davon, Conni, wenn du dir mit Yuna eine Kajüte teilst?“, meint Emma. „Yuna sagt, sie würde sich freuen.“

„Sehr gern“, sagt Conni zu Yuna.

Yuna scheint nett zu sein, aber Conni ist unsicher: Wie soll sie sich mit ihr verständigen?

Zum Glück hat Yuna keine Berührungsängste. Sie greift nach Connis Hand und zieht sie mit sich.

Yuna führt Conni in eine Kabine mit zwei Betten. Yunas Reisetasche steht schon dazwischen auf dem Boden. „Rechts oder links?“, fragt Yuna.

Conni ist überrascht, ihre Stimme zu hören.

„Wie du magst“, antwortet sie.

Aber Yuna reagiert nicht, sie blickt gerade zur Seite und bekommt nicht mit, dass Conni etwas sagt. Jetzt dreht sie sich zu Conni um und sieht sie fragend an.
Conni deutet auf das Bett, neben dem sie steht. Yuna nickt und wirft ihre Tasche auf das andere.
„Du sprichst ja“, bemerkt Conni, als Yuna wieder zu ihr schaut.
Yuna grinst. „Ich bin gehörlos, aber nicht stumm. Aber es ist schwierig. Ich spreche lieber mit den Händen.“ Sie zeigt ihre Hände.
Conni ist begeistert. Mit den Händen zu sprechen, ist mindestens genauso spannend wie segeln. Am liebsten würde sie beides lernen! Conni zögert. Yuna wirkt so nett, dass Conni sich traut, sie zu fragen: „Bringst du es mir bei?“

Alle Kinder an Bord!

Als Conni und Yuna wieder an Deck kommen, sind die Geschwister Eddy und Ruby eingetroffen. Fröhlich erkunden sie das Schiff und machen sich auch mit den beiden Mädchen bekannt. Conni findet die Geschwister lustig. Bestimmt werden sie gemeinsam viel Spaß haben!
Schließlich bringt ein Paar den letzten noch fehlenden Passagier zum Schiff, einen Jungen. Er starrt grummelig auf seine Füße.
„Es sind doch nur zwei Tage, Fiete“, sagt seine Mutter und wuschelt durch seine Haare. Der Junge löst sich wortlos von ihr und schlendert an Bord.
„Hast du etwa keine Lust zu segeln?“, fragt Eddy.
„Meine Eltern haben mich einfach angemeldet und vorher gar nicht gefragt“, brummt Fiete.
„Ist doch eine tolle Überraschung“, findet Conni.
„Also, ich kann mir nichts Schöneres vorstellen, als auf einem Schiff zu sein“, erklärt Vincent.

Niam stupst Fiete an. „Hey, wir gründen eine Piratenmannschaft, machst du mit?“
„Wir erobern die Weltmeere!“, ruft Ruby begeistert und starrt in Piratinnenart in die Ferne.
Fiete legt seine Hand an den Mast und blickt nach oben. „Vielleicht hab ich ja doch ein bisschen Lust“, stellt er fest. Er winkt seinen Eltern, die etwas verloren auf dem Steg stehen. „Ist schon okay, wir sehen uns am Sonntag!“
Sie lächeln erleichtert und rufen ihm noch viele gute Wünsche zu, bevor sie sich zögernd abwenden und gehen.

„Wunderbar, die Crew ist vollzählig, das heißt, alle sind an Bord“, erklärt Wiebke.
Emma dolmetscht für Yuna, sie überträgt Wiebkes Worte sofort in Gebärdensprache.
„Zeit für eine Sicherheitseinweisung“, sagt die Skipperin.
Niam horcht auf. „Wird es denn gefährlich für uns? So mit Stürmen und Riesenfischen wie im Film?“ Er wirkt nicht so, als würde ihm das Angst machen, stellt Conni fest. Im Gegenteil, seine Augen leuchten vor Freude. Conni dagegen wird es etwas mulmig. Sie hat sich bisher nur schöne Bilder vom Segeln ausgemalt: Schiffe, die sanft über die glitzernden Wellen gleiten, Fischlein, die um sie herumplanschen, und höchstens mal eine Möwe, die ihr ein Stück Brot aus der Hand klaut. Von einem gefährlichen Abenteuerurlaub war nie die Rede!

Wiebke scheint ihr den Schrecken anzusehen. „Keine Sorge“, sagt sie. „Die Sicherheitseinweisung machen wir immer. Das heißt nicht, dass etwas Schlimmes passieren wird.“

„Ach so“, meint Niam leicht enttäuscht, aber Conni atmet auf.

Vincent stöhnt und wendet sich gelangweilt ab. „Ich kenn das alles schon.“

„Dann kannst du den anderen in den nächsten Tagen helfen und sie an die Bordregeln erinnern, falls sie etwas vergessen“, bemerkt Wiebke. Sie blickt in die Runde. „Bei Sturm segeln wir gar nicht erst raus. Aber auch bei ruhiger See kann das Schiff ordentlich wackeln. Deshalb tragt bitte feste Schuhe und achtet immer darauf, dass ihr eine Hand frei habt, um euch festzuhalten.“

Jetzt wird Conni klar, warum die Schuhe so wichtig sind,

obwohl sie sich die meiste Zeit an Bord aufhalten und nicht zum Wandern gehen werden.
„Das weiß doch jedes Baby!“, mault Vincent.
„Nein, Vincent, einige sind zum ersten Mal auf einem Segelschiff“, sagt Wiebke ernst. „Zu eurer Sicherheit müsst ihr an Deck eine Schwimmweste tragen. Vincent wird euch nachher zeigen, wo die Westen liegen.“ Sie sieht den Jungen auffordernd an. Vincent grunzt genervt.
„Durch den Wind merkt man tagsüber nicht, wie sehr die Sonne brennt“, fährt Wiebke fort. „Benutzt unbedingt Sonnencreme und setzt einen Sonnenhut oder eine Kappe auf.“
Conni denkt an den roten Fischerhut von Anna, der in ihrer Reisetasche auf sie wartet, und hat sofort ein warmes Gefühl im Bauch.
Die Skipperin blickt zu ihrer erwachsenen Tochter. „Hab ich was Wichtiges vergessen?“
„Allerdings“, ruft Emma. „Wiebke ist die Kapitänin, sie hat hier das Sagen“, erklärt sie. „Keine Diskussionen. Wenn Wiebke ein Kommando gibt,

müssen wir, die Crew, sofort reagieren. Denn sie ist diejenige, die den Überblick behält."
„Ist bestimmt nicht leicht, eine Kapitänin als Mama zu haben", bemerkt Eddy grinsend.
Das hat Conni sich auch gerade gedacht. Wenn Mama und Papa etwas anderes wollen als sie selbst, kann sie immer noch mit ihnen reden und versuchen, sie umzustimmen.
Doch Emma lacht. „Streng ist Wiebke nur an Bord, damit uns nichts passiert. An Land ist sie einfach meine Mama und eine ganz Liebe."
Wiebke lächelt und bekommt wieder rote Wangen. „Dann mal alle ab in die Kombüse, ihr Landratten! Dort hört ihr auf Emma. Sie wird jetzt zum Smutje, das ist der Koch oder die Köchin an Bord. Mit euch zusammen sorgt Emma dafür, dass wir was Leckeres zum Abendessen bekommen!"

Der erste Abend

In der Küche lässt Emma die Kinder Gemüse und frische Gewürze schneiden. Conni versucht, sich alle Zutaten einzuprägen. Dann kann sie die tolle Spaghettisoße später mit Mama, Papa und Jakob nachkochen. Jedenfalls, wenn sie wirklich so gut schmeckt, wie Wiebke behauptet.
„Mich eine *Landratte* zu nennen, ist eine Frechheit“, brummt Vincent vor sich hin.
Conni will sich von ihm nicht die Laune verderben lassen und beschließt, ihn nicht zu beachten. Lieber probiert sie von der Soße, die auf dem kleinen Herd köchelt, und die ist wirklich richtig lecker!

Nach dem Essen räumen sie gemeinsam auf, dann schlägt Emma den Kindern ein Kartenspiel vor. Dabei lernen sie sich etwas besser kennen. Emma dolmetscht für Yuna.

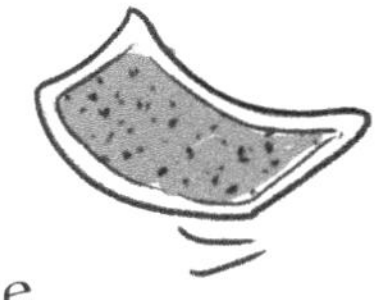

„Wie seid ihr eigentlich dazu gekommen, hier mitzusegeln?“, fragt Ruby.

„Ich hab schon ganz lange gebettelt, dass Wiebke mich mal mitnimmt“, antwortet Yuna. „Jetzt hat es endlich geklappt.“

Vincent stupst Conni mit dem Ellbogen an. „Du bist dran, leg eine Karte ab!“

Während Conni weiterspielt, erzählt Eddy, dass er und seine Schwester Ruby in Amerika geboren wurden. Bis vor zwei Jahren haben sie dort mit ihren Eltern gelebt. Dann haben die Eltern Arbeit in Deutschland gefunden, seitdem sind sie hier.

„Und gefällt es euch?“, fragt Conni.

„Ja, sehr sogar. Aber Papa meint, dass wir jetzt endlich mal aufs Wasser müssen, wo wir so nah an der Küste wohnen“, sagt Eddy.

„Bestimmt wollen eure Eltern bloß mal allein sein, so wie meine“, brummt Fiete.

Conni merkt, dass ihm das zu schaffen macht. Deswegen war er wohl so schlecht gelaunt, als er an Bord gekommen ist.

„Denkst du etwa, dass sie dich loswerden wollten?", hakt sie nach.

Fiete nickt. „Mama und Papa haben den Segeltörn für mich gebucht, weil sie *ein Wochenende für sich brauchen.*" Er verzieht das Gesicht. „*Wie ein verliebtes Paar, das sich gerade neu kennenlernt*, hat meine Mama gesagt. Zuerst war ich beleidigt, aber jetzt freue ich mich aufs Segeln."

„Besser, deine Eltern nehmen sich jetzt die Zeit, als dass sie irgendwann streiten", bemerkt Niam.

Ruby sieht ihn überrascht an. „Streiten deine denn?"

„Eher selten." Niam spielt schnell weiter.

„Mein Papa sagt immer, eine Familie ist wie ein Schiff: Einer ist der Kapitän und sagt, wo es langgeht. Dann gibt's auch keinen Streit", erzählt Vincent.

„Und der Kapitän ist immer dein Papa?", fragt Yuna erstaunt.

Vincent zuckt mit den Schultern. „Oder meine Mama." Er legt eine Karte ab.

„Hast du Geschwister?", fragt Conni.

Vincent stöhnt. „Eine Schwester, die nervt total!"

„Ich hätte gern eine Schwester", überlegt Fiete.

„Ich hab einen kleinen Bruder, Jakob. Den mag ich sehr", erzählt Conni. „Ich kann mir gar nicht mehr vorstellen, ohne ihn zu sein."

„Gewonnen!" Niam wirft seine letzte Karte ab. „Ihr seid alle so mit Quasseln beschäftigt, dass

ihr gar nicht mitkriegt, wie gut ich spiele", stellt er zufrieden fest.
„Ich finde das Erzählen gerade viel spannender", entgegnet Conni.
Vincent mustert sie von der Seite. „Ach ja? Dabei hast du das Segelwochenende doch beim *Spielen* gewonnen!"
Komisch, warum ist Vincent nur so streitlustig? Ob er es auf sie abgesehen hat? Aber er war ja zu allen ziemlich muffelig, nachdem er an Bord gekommen ist, sogar Wiebke gegenüber, erinnert sich Conni und verdreht die Augen.

„Nicht ich, meine Oma", erklärt sie noch einmal. „Und zuerst war es gar nicht klar, ob ich mitsegeln darf. Papa und Mama fanden die Idee erst nicht so toll." Sie erzählt von den Bedenken ihrer Familie und wie sie gemeinsam eine Lösung gefunden haben.
„Siehst du, Vincent, so geht es auch: Alle entscheiden zusammen", stellt Eddy fest. „Nicht nur der Kapitän allein."

„Ist jedenfalls schön, dass du hier bist", gebärdet Yuna für Conni.
„Danke, das finde ich auch", sagt Conni glücklich.
„Und du, Niam, wie bist du zu dem Segelwochenende gekommen?", fragt Fiete.
„Hab ich mir zum Geburtstag gewünscht", antwortet Niam. „Weil ich so gern Piratengeschichten lese."
Ruby sammelt die Karten vom Tisch, mischt sie und verteilt sie neu.
„Warum segelst du eigentlich mit uns?", fragt Conni Vincent. Sein Verhalten hat sie neugierig gemacht.
„Du könntest doch bestimmt auch mit deinen Eltern segeln."
„Klar, könnte ich. Aber ich muss so viel Segelerfahrung wie möglich sammeln", antwortet er.

„Ich will nämlich selbst mal Skipper werden. Man kann alles erreichen, sagt Papa immer, aber man muss auch etwas dafür tun."

„Dann sei aber nicht so streng zu deiner Crew", bemerkt Niam grinsend. „Sonst gibt's noch eine Meuterei!"

„Eine was?", fragt Conni, die das Wort noch nie gehört hat.

„Meuterei. Das ist ein Aufstand gegen den Kapitän", erklärt Niam. „Dann ist es vorbei mit ..." Er macht Vincent nach: „Ich sage allen, wo es langgeht!"

Die anderen kichern. Vincent starrt angestrengt in seine Karten.

Nur ein Traum

Schließlich ist es Zeit, in die Kojen zu kriechen. Conni hat zwar ein paarmal beim Kartenspiel verloren, aber dafür weiß sie jetzt schon eine ganze Menge mehr über die anderen Kinder. Während sie ihren Schlafanzug anzieht, denkt sie, dass sie alle mag, nur Vincent nervt ein bisschen mit seiner Wichtigtuerei.

Yuna sieht Conni an. „Vincent!“, sagt sie und stöhnt, als hätte sie Connis Gedanken gelesen. Conni und Yuna lachen.

„Gute Nacht“, sagt Conni.

Yuna zeigt ihr die entsprechende Gebärde und Conni macht sie nach:

Sie probiert es so lange, bis Yuna zustimmend nickt. Erst dann kriecht sie in ihren Schlafsack.
Conni denkt an Mama, Papa, Jakob, Oma und Opa. Ob sie es schön haben in ihrer Ferienwohnung? Bestimmt. Aber Conni fühlt sich hier auch sehr wohl. Die kleine Kajüte kommt ihr vor wie eine sichere Höhle. Sie lauscht auf Yunas Atem. Eine Welle klatscht an die Außenwand der Jacht. Sanft schaukelt das Schiff auf dem Wasser. So gemütlich soll es ihre Familie mindestens auch haben, wünscht sie sich. Zufrieden schließt Conni die Augen und schläft sofort ein.
Sie träumt davon, Kapitänin zu sein auf einem großen Schiff voller Piratinnen und Piraten. Gemeinsam ziehen sie einen schweren Goldschatz aus dem Meer.
Conni läuft zu ihren Eltern, um ihnen davon zu erzählen und

ihnen zu sagen, dass sie nie wieder arbeiten müssen. Doch Mama und Papa hören ihr gar nicht richtig zu. „Wir brauchen etwas Zeit für uns", erklärt Mama. „Wie ein verliebtes Ehepaar", fügt Papa hinzu. Conni ist wütend. Als sie zurück auf ihr Schiff will, hat Jakob ihren Platz dort eingenommen. „Meuterei!", ruft er. Jakob lässt die Segel hissen und winkt Conni zum Abschied, während er die Jacht aus dem Hafen steuert.

Conni wacht auf und wundert sich: Was für einen Unsinn sie geträumt hat! So ist ihre Familie zum Glück ja gar nicht! Selbst im Schlaf muss dieser Quatsch sie so verwirrt haben, dass sie lieber wach geworden ist.

Sie will sich gerade wieder ins Kissen kuscheln, da hört sie ein Rumpeln über der Kajüte. War es womöglich gar nicht der Traum, sondern dieses Geräusch, das sie geweckt hat?
Conni lauscht angespannt in die Dunkelheit.
Da läuft doch jemand übers Schiff …
Ob Wiebke noch an Deck arbeitet? Aber es ist mitten in der Nacht!
Conni rutscht tiefer in ihren Schlafsack und zieht ihn bis zu ihrer Nase hoch. Jetzt ist es wieder ganz still. Vielleicht hat der Wind nur etwas umgeworfen. Schnell wiegen die Wellen sie erneut in den Schlaf.

Leinen los!

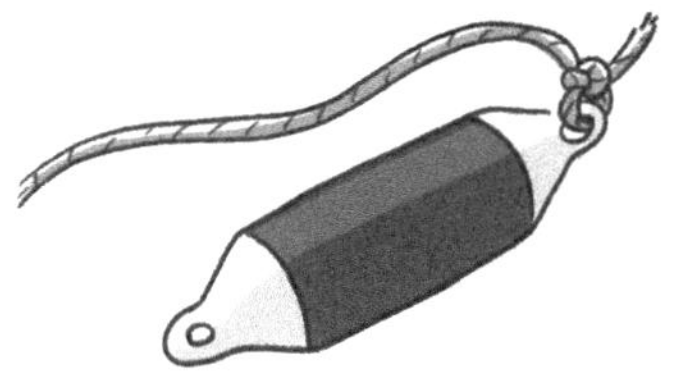

Als Conni am nächsten Morgen die Augen öffnet, steht Yuna vor ihrer Koje und gebärdet etwas. Verschlafen starrt Conni auf ihre Hände, aber die Gebärden sind noch viel zu neu für sie. Was Yuna ihr wohl sagen will?

Yuna zeigt zur Kajütentür und führt ihre Hand an den Mund. Jetzt versteht Conni, dass es Frühstück gibt. Es duftet auch schon lecker nach Tee und Kakao. Sie kriecht aus ihrem Schlafsack.

Vor dem Bad warten Eddy, Ruby und Fiete darauf, dass sie an der Reihe sind. Deshalb beschließt Conni, den Besuch im Badezimmer auf später zu verschieben. Das Frühstück schmeckt ja auch ungewaschen – ganz nach Piratinnenart!

„Das Wetter ist wunderbar heute", ruft Wiebke den Kindern fröhlich zu. „Wir haben Sonne und einen leichten Wind. Beste Voraussetzungen für einen schönen Segeltörn."

Nachdem alle gefrühstückt haben und mehr oder weniger gewaschen sind, versammeln sie sich an Deck. Conni reckt ihre Nase in die Luft und kann das Meer schon riechen.
Ein großer Mann betritt den Steg und schreitet selbstsicher auf die Jacht zu. Er könnte ein Fotomodel aus einem Katalog für teure Segelkleidung sein, denkt Conni. Oder in dieser Fernsehserie mitspielen, die Oma so gerne anschaut.

„Guten Morgen", sagt er lächelnd. „Wo ist denn mein Sohn, Vincent? Schläft der Faulpelz etwa noch?"

„Bin schon hier", ruft Vincent und stolpert die Treppe hinauf. „Hallo Papa!" Er springt von Bord und klatscht mit dem Mann ab: High Five, so als wären sie im selben erfolgreichen Sportteam. Schon eine besondere Art, seine Eltern zu begrüßen – Mama und Papa würden das wahrscheinlich nicht mögen, vermutet Conni. Sie merkt, dass ihr selbst eine Umarmung auch lieber ist.

„Guten Morgen, Herr Scheffelholm!“, ruft Wiebke.
„Bleiben Sie übers Wochenende an der Küste?“
„Ja, wir sind in unserem Haus hier. Ich soll Sie herzlich von meiner Frau grüßen“, ruft Vincents Papa zurück. „Alles fertig zum Ablegen?“
„Wir stechen in wenigen Minuten in See“, antwortet Wiebke strahlend.
„Dann wünsche ich eine gute Fahrt“, sagt Herr Scheffelholm.
Vincent neben ihm strafft sich. „Mach dir keine Sorgen, Papa. Ich passe gut auf unser Schiff auf.“
Vincents Vater lacht laut. „Das tut doch Wiebke schon!“
Vincent sackt regelrecht in sich zusammen. Man sieht ihm an, dass er sich eine andere Reaktion gewünscht hat. Jetzt tut er Conni ein bisschen leid.
„Machst du uns los, Vincent?“, fragt die Skipperin.
Vincent nickt eifrig.
„Auf mein Kommando: Leinen los!“, ruft Wiebke.

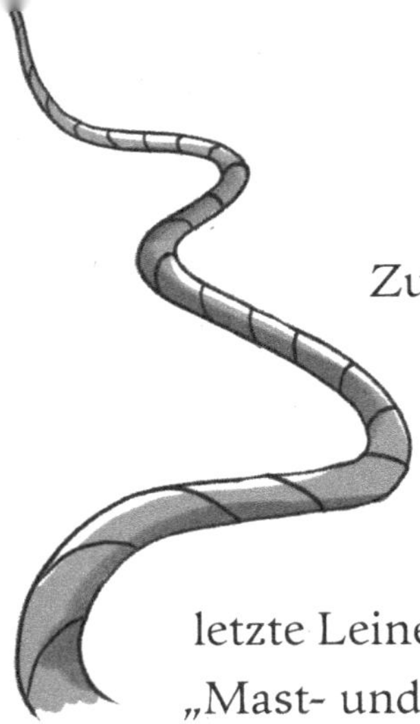

Zusammen mit seinem Vater löst Vincent die Leinen, mit denen das Schiff am Steg vertäut ist. Herr Scheffelholm wartet, bis sein Sohn zurück an Bord gesprungen ist, und wirft ihm die letzte Leine zu.

„Mast- und Schotbruch!", ruft er.

„Und immer eine Handbreit Wasser unterm Kiel!", ergänzt Vincent.

Scheint ein Seeleute-Gruß zu sein, der Glück bringen soll, denkt Conni, so ähnlich wie *Hals- und Beinbruch!* Irgendwie ist es auch ganz nett, dass Vincent und sein Vater solche Angewohnheiten miteinander teilen. Auch wenn sie alle mit dem Segeln zu tun haben.

Wiebke steuert die Jacht vom Steg weg. Die Kinder winken Herrn Scheffelholm zum Abschied. Eilig zieht Vincent die Fender ins Boot.

„So nennt man die dicken runden Plastikdinger, die an der Schiffsseite hängen", erklärt Emma. „Sie sorgen dafür, dass die Jacht nicht an den Steg oder an andere Boote schlägt. Zum Segeln holt man sie ein."

„Die sehen aus wie Bojen“, findet Conni.
„Eine Boje ist ja wohl ganz was anderes“, belehrt Vincent sie. „Bojen sind im Meeresgrund verankert und man kann sein Boot daran festmachen.“
„Da rutscht einer ab!“, ruft Fiete auf einmal. Ein Fender hat sich selbstständig gelockert.
Niam eilt hin, doch der Fender platscht ins Wasser. Er schaukelt auf den Wellen und treibt vom Boot weg.

Schnell greift Vincent nach einem Besen, der auf einer Sitzbank liegt. Er schiebt ihn am langen Stiel über den Schiffsrand und angelt den Fender mit dem Besenkopf aus dem Hafenbecken.
„Bravo!", ruft sein Vater vom Ufer und klatscht ihm Beifall.
Vincent strahlt übers ganze Gesicht und hält den Fender triumphierend in die Höhe. Endlich bekommt er das Lob, das er sich erhofft hat, denkt Conni.
„Gut gemacht", sagt auch Wiebke. „Aber der Besen gehört nicht hierher."
„Ich bringe ihn sofort runter", bietet Vincent hilfsbereit an.
„Danke", sagt Wiebke. „Viel zu gefährlich, wenn so etwas an Deck herumfliegt." Sie zieht ihre Stirn in Falten. „Wer hat den überhaupt hier oben liegen gelassen?"

Klar zum Entern!

Nach der Aufregung um den Fender steuert Wiebke die Jacht aus dem Hafen.
Conni blickt Vincent nach, während er den Besen unter Deck bringt. Auf Wiebkes Frage hat er gerade noch etwas vor sich hingemurmelt: „Bestimmt Leute, die hier saubergemacht haben."
Die sollen wohl den Besen dort auf der Bank vergessen haben. Komisch, das hätte Vincent doch auch laut sagen können, wundert sich Conni. Sonst posaunt er seine Meinung ja auch ungefragt in die Runde. Aber wie er den Fender in letzter Sekunde gerettet hat, war schon beeindruckend, das muss Conni zugeben.

Als sie den Hafen hinter sich gelassen haben, schaltet Wiebke den Schiffsmotor aus. Emma erklärt den Kindern, wo sie sich hinstellen sollen. Conni findet sich zwischen Yuna und Niam wieder. Auch Vincent ist zurück an Deck und stellt sich ganz vorne in die Reihe. Emma legt ihnen eine Leine in die Hände.

„Wenn Wiebke das Kommando gibt, zieht ihr alle gleichzeitig daran“, erklärt sie. „Und nicht nachlassen.“

Wiebkes Kommando folgt sofort: „Heiß auf Großsegel!“

Gemeinsam ziehen sie das Segel in die Höhe.

„Aber *ziehen* sagt man nicht“, erklärt Vincent naseweis. „Es heißt Segel *hissen* oder *setzen.*“ Ruby und Eddy wechseln einen Blick und müssen schmunzeln.

Nachdem die Segel gesetzt sind, dürfen die Kinder die Fahrt genießen.

Conni schaut zurück auf die Häuser von Stralsund, die hinter der Jacht immer kleiner werden. Sie hockt sich zu den anderen und lässt ihren Blick über die Wellen schweifen.

Conni sieht Yuna an. „Wie sagt man *Wellen*?“ Sie deutet aufs Meer und macht eine Wellenbewegung mit den Händen.

Yuna versteht und zeigt ihr die entsprechende Gebärde. Sie unterscheidet sich gar nicht so sehr von Connis Bewegung.

Anschließend sagt Yuna etwas in Gebärdensprache

und Conni soll herausfinden, was es bedeutet. „Kopf? Oder Hut?“, rät Conni und zeigt auf ihren Kopf und den roten Fischerhut. Sie hat ihn extra tief in die Stirn gezogen, damit er bloß nicht wegfliegt. Er gehört doch Anna und die wäre bestimmt enttäuscht, wenn Conni ohne ihn zurückkäme! Außerdem gibt Annas Hut ihr ein gutes, sicheres Gefühl und er würde ihr selbst auch sehr fehlen.

„Nein“, antwortet Yuna.

„Himmel!“, ruft Conni und deutet nach oben.

Yuna gebärdet: „Ja!“

„Das macht Spaß“, sagt Conni. Jetzt ist sie wieder an der Reihe.

Sie wechseln immer hin und her. Nach und nach schließen sich auch die anderen Kinder an, raten mit oder schlagen lustige Worte vor.

Nur Vincent setzt sich ein Stück von ihnen weg und schlägt ein Buch auf.

„Mach doch mit!“, fordert Niam ihn auf.
„Für so was hab ich keine Zeit. Ich lerne lieber für den Segelschein“, erklärt Vincent.

Sie segeln vorbei an der Insel Rügen in Richtung der kleineren Insel Hiddensee.
Conni kann sich gar nicht sattsehen am Meer und an der Küste.
Plötzlich springt Fiete auf. „Piraten!“ Er deutet aufgeregt über die Wellen.
Alle Kinder drehen ihre Köpfe. Tatsächlich, eine Segeljacht mit schwarzer Piratenflagge steuert genau auf sie zu!

Conni schnappt nach Luft – das kann doch nur ein Scherz sein, oder? Sie zeigt Yuna die Jacht. Yuna guckt genauso überrascht wie die anderen. Sogar Vincent blickt von seinem Buch auf.

„Siehst du, es gibt doch Piraten auf der Ostsee!", ruft Niam zufrieden.

„Ja, klar", brummt Vincent.

„Aber die sind doch nicht echt, oder?", fragt Ruby.

Das Piratenschiff saust weiter in ihre Richtung und Wiebke macht keine Anstalten, ihm auszuweichen.

„Was haben die vor?", fragt Conni erschrocken.

Yuna zieht sie hektisch mit sich zur Skipperin, die unbeirrt am Steuerrad steht. „Kennst du die?", gebärdet Yuna für Wiebke.

Die Skipperin hat ein Funkeln in den Augen. „Ich kenne die Schiffe der Familie Scheffelholm", antwortet sie ausweichend.

Conni blickt wieder hinüber zur anderen Jacht. Gerade noch rechtzeitig, um einen Zusammenstoß zu vermeiden, dreht das Schiff ab und segelt parallel zu ihnen weiter.
An Deck schwenken drei Piratinnen bunte Badetücher über ihren Köpfen.
„Her mit euren Süßigkeiten!", rufen die jungen Frauen lachend.

Erleichtert stellt Conni fest, dass sie nicht gefährlich aussehen.
Doch dann ruft die Piratin in der Mitte: „Oder wir entern euer Schiff und holen uns Vincent!"
Conni und die anderen Kinder drehen sich verwundert zu Vincent um. Er seufzt genervt.
„Das ist meine Schwester Amalie mit ihren Freundinnen."
Vincent steht auf und tritt an die Reling.
„Ihr hättet mir ruhig sagen können, dass ihr auch segelt!", ruft er verärgert zur Piratinnenjacht hinüber.
„Das hier ist nur für Mädels", antwortet seine Schwester. Die Frau am Steuerrad winkt.
„Und wer ist das?", fragt Conni.
„Meine Mama." Vincent schnauft. „Anscheinend haben sich heute alle gegen mich verschworen."
„Gönn ihnen doch den Spaß", meint Niam.
Auch Conni wundert sich. Wenn Mama und Jakob als Piratin und Pirat aufgetaucht wären, hätte sie das ziemlich witzig gefunden. Und die Mädchen wirken wirklich nett.

„Aber sie hätten mich mitnehmen können!“, schimpft Vincent.
„Gefällt es dir etwa nicht bei uns?“, fragt Fiete und sieht ihn prüfend von der Seite an.
Vincent starrt wortlos zur anderen Jacht hinüber.
„Gut“, sagt Niam mit einem Schmunzeln. „Wenn das so ist, können wir dich ja auch ausliefern, so, wie die Piratinnen es fordern.“ Er winkt den jungen Frauen. „Hey, ihr könnt Vincent haben! Aber dafür kriegen wir eure Süßigkeiten!“

„Was soll denn das?“, protestiert Vincent. „Du kannst mich doch nicht einfach gegen ein paar Süßigkeiten eintauschen!“

„Ach so, ich dachte, du legst keinen Wert darauf, bei uns zu bleiben“, bemerkt Niam grinsend.
Conni sieht, dass Vincents Hände sich zu Fäusten verkrampfen.
„Auf keinen Fall überlassen wir ihnen ein Mitglied unserer Crew“, ruft sie schnell. „Vincent ist einer von uns!“ Auch wenn er manchmal nervt – fügt sie in Gedanken hinzu. Sie wendet sich an die drei Piratinnen. „Wenn ihr Vincent haben wollt, müsst ihr erst an uns vorbei!“
Emma dolmetscht für Yuna, die sich nun schützend vor Vincent stellt. Sie grinst Conni breit an.
„Niemals bekommt ihr einen von uns. Das werden wir verhindern“, ergänzt Ruby und stupst Eddy an. „Hast du zu Hause die Luftballons eingepackt?“
„Na klar.“ Seine Augen beginnen zu strahlen. „Damit können wir uns verteidigen!“
„Mit Luftballons?“, wundert sich Conni. „Aber die helfen uns doch nicht gegen die Piratinnen!“
Fiete lacht, er hat Rubys Plan durchschaut. „Wenn sie mit Wasser gefüllt sind, schon.“
„Gute Idee“, sagt Niam. „Wir passen auf, dass die

Piratinnen unser Schiff nicht entern, und ihr füllt die Ballons!“

Ruby, Fiete und Eddy laufen nach unten. Wenig später kommen sie kichernd mit einer Badetasche voller Wasserballons wieder an Deck.

Sofort beginnt die Verteidigung:

Johlend werfen die Kinder die Wasserbomben auf das Schiff der Piratinnen. Auch Vincent macht mit, er ist mittendrin gleich neben Conni. Sie sieht ihm an, dass er großen Spaß hat.
Amalie und ihre Freundinnen springen kreischend an Deck herum, um den kalten Wasserspritzern auszuweichen.
„Okay, diese Runde geht an euch“, ruft Vincents Schwester schließlich.
„Und wo sind die Süßigkeiten?“, ruft Fiete.
Aber die Jacht dreht schon ab und entfernt sich schnell von ihnen.
„Gewonnen!“, freut sich Ruby. Die anderen stimmen in ihren Jubel ein.
„Na, Vincent“, sagt Niam. „Weißt du jetzt, ob du auf der richtigen Jacht bist?“

Der Anker

„Danke“, sagt Vincent und klatscht mit allen ab, so wie er es auf dem Steg mit seinem Vater getan hat. Doch bald darauf setzt er sich wieder weg von den anderen und lernt für den Segelschein.

Conni beobachtet, dass Eddy, Fiete und Niam zu ihm gehen und ihn ansprechen.

„Wo du so viel übers Segeln weißt, kennst du dich doch bestimmt auch gut mit Piraten aus, oder?“, fragt Niam.

„Also, mit echten Piraten“, fügt Eddy hinzu. „So wie Blackbeard.“

„Der hat sich brennende Zündschnüre in seinen Bart gesteckt, um gruseliger auszusehen“, erzählt Fiete aufgeregt.

Klingt nach einer spannenden Geschichte, denkt Conni.

Doch Vincent blickt nicht einmal von seinem Buch

auf. „Hm, schon mal gehört“, brummt er gelangweilt.

„Wir machen eine Liste mit allen echten Piraten und Piratinnen, die uns einfallen“, erzählt Eddy. „Hilfst du uns?“

Vincent schüttelt stumm den Kopf und starrt weiter ins Buch.

„Dann halt nicht …“ Niam zuckt mit den Schultern und entfernt sich von ihm.

„Wenn dir noch ein Seeräuber oder eine Piratin einfällt, kannst du es uns ja sagen“, bemerkt Fiete und schließt sich Niam an.

Nur Eddy gibt noch nicht auf. Er deutet auf Vincents Segelbuch. „Soll ich dich abfragen?“

„Nicht nötig“, antwortet Vincent schnell.

Eddy seufzt. „Okay, dann lass ich dich auch mal wieder …“

Gegen Mittag beschließt Wiebke, eine Pause einzulegen und vor der Küste im flacheren Wasser zu ankern.

„Sobald der Anker unten ist, mache ich uns etwas zu essen“, verspricht Emma.

„Darf ich den Anker ins Wasser lassen?“, fragt Niam aufgekratzt.

Wiebke lässt ihren Blick über die Kinder schweifen. „Du bist wahrscheinlich nicht der Einzige, der das möchte.“

Das stimmt, auch Conni würde sich sehr gern am Ankern beteiligen. Aber sie will sich nicht vordrängeln. Trotzdem scheint die Skipperin es am Leuchten in ihren Augen zu sehen. „Conni?“, fragt sie. Conni spürt, dass ihr Herz vor Aufregung zu pochen beginnt. Doch dann bemerkt sie Niams enttäuschtes Gesicht. Ihm ist es noch viel wichtiger als ihr.

„Niam soll das machen“, sagt Conni deshalb.
„Juchhuu!“, jubelt Niam.
„Gut. Alle anderen können gern zuschauen“, sagt Wiebke. „Dann wisst ihr fürs nächste Mal, wie es geht. Vincent, magst du Niam die Ankerwinde erklären?“

Vincent blickt zu Emma. „Kannst du das nicht machen?“

„Natürlich“, sagt Emma etwas verwundert. „Kommt, ich zeige es euch.“ Sie führt Niam und die anderen nach vorn zum Bug.
Die Ankerwinde ist dort am Boden befestigt und die Ankerkette schlängelt sich über und unter mehreren Rollen hindurch.
„Vorn an der Kette hängt der Anker“, erklärt Emma.
Die Kinder recken ihre Hälse, um zu sehen, wie er vor dem Schiff über dem Wasser baumelt.
„Wenn er unten ist, gräbt er sich mit seinem Zacken in den Meeresboden und hält unser Boot an der Leine fest.“

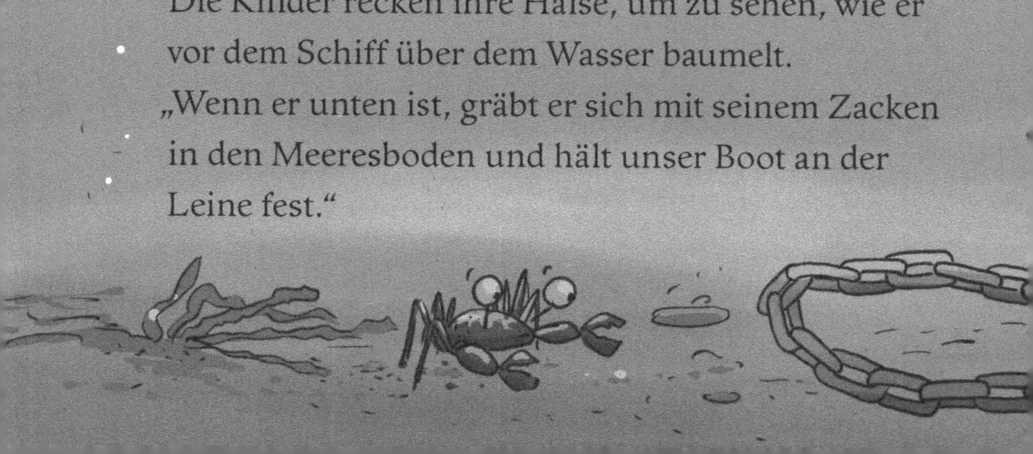

Wie schnell Emma beim Reden gebärdet, denkt Conni. Sie wirft einen kurzen Blick zu Yuna, die Emma aufmerksam zusieht. Heute Abend lasse ich mir die Gebärden für *Anker* und *Meeresboden* noch mal von Yuna zeigen, beschließt Conni.

Emma deutet jetzt auf einen Knopf an der Ankerwinde. „Hiermit lässt du den Anker ins Meer, Niam."

Niam hockt sich neben die Winde. „Okay, bin bereit."

„Sobald du draufdrückst, rollt sich die Kette mit dem Anker ab und geht dann über in die Ankerleine. Ich sage dir, wann genug Leine abgerollt ist und du stoppen kannst", erklärt Emma.

Niam nickt konzentriert. Dann kommt auch schon Wiebkes Kommando: „Fallen Anker!", ruft sie vom Steuerrad.

„Und los!", sagt Emma zu Niam.

Niam drückt den Knopf und der Anker senkt sich an der Kette in die Tiefe. Doch die Kette geht nicht in die Leine über, wie von Emma beschrieben, sondern reißt plötzlich ab und rauscht ohne Halt ins Meer.

„Wir haben den Anker verloren!“, ruft Conni erschrocken.
Vincent springt auf und eilt zu ihnen. „Mensch, Niam, was hast du jetzt wieder gemacht?“, fragt er vorwurfsvoll.
„Gar nichts!“ Niam stoppt den Motor der Ankerwinde und starrt Kette und Anker hinterher.
„Er kann nichts dafür“, nimmt Yuna ihn in Schutz.
„Niam hat wirklich nichts falsch gemacht“, bestätigt auch Emma. „Ich habe keine Ahnung, wie die Kette sich von der Leine lösen konnte!“
Wiebke tritt zu ihnen und betrachtet das Leinenende, das sich in der Winde verfangen hat. „Das ist seltsam. Ich habe Ankerkette und Leine doch noch überprüft, bevor ihr an

Bord gekommen seid. Die Leine sieht ja aus wie durchgeknabbert!"
„Vielleicht gibt es Mäuse auf dem Schiff", gebärdet Yuna und Emma dolmetscht.
Fiete verzieht das Gesicht. „Ich mag keine Krabbeltiere."
„Ich auch nicht", sagt Eddy.
„Ich schon", ruft Ruby. „Wir hatten mal eine Maus in der Garage. Ich habe versucht, sie zu fangen."
„Ruby wollte sie als Haustier behalten." Eddy schüttelt sich. „Zum Glück hat sie die Maus nicht erwischt."
„Die war so süß!", schwärmt Ruby.
Conni kann sich das zarte Mäuse-Schnäuzchen gut vorstellen und findet es auch süß. Aber ihr Kater Mau dürfte dem Tierçhen nicht zu nahe kommen!
„Wir haben keine Mäuse an Bord", sagt Wiebke. „Jedenfalls nicht, dass ich wüsste." Sie blickt über die Reling.
„Und was machen wir jetzt?", fragt Conni.
Wiebke seufzt. „Jemand muss runtertauchen und den Anker wieder raufholen."

„Schon bereit!“ Vincent steht plötzlich in Badehose und mit Taucherbrille hinter ihnen.
Wiebke, Emma und die Kinder drehen sich überrascht zu ihm um. Sie haben gar nicht gemerkt, dass er unter Deck verschwunden ist, um sich umzuziehen.
„Ich habe eher an Emma oder mich gedacht“, bemerkt Wiebke.
„Ich hab meinem Vater versprochen, dass ich auf die Jacht und alles aufpasse. Deshalb werde ich die Leine wieder festknoten“, verkündet Vincent.
Wiebke schüttelt den Kopf. „Nein, das ist zu gefähr…“ Doch bevor sie das Wort ganz ausgesprochen hat, zupft Vincent ihr das Leinenende frech aus der Hand und springt damit ins Meer.
„Das gibt’s doch nicht!“, ruft die Skipperin empört.
Angespannt starren die Kinder Vincent nach.
Conni hält die Luft an, als würde sie selbst tauchen.
Endlich kommt er wieder an die Oberfläche. Die abgerissene Leine hält er noch in seiner Hand.
„Was soll denn das?“, schimpft Wiebke. „Hab ich dir etwa erlaubt zu tauchen?“

„Nur noch ein Versuch", bettelt Vincent. „Diesmal schaffe ich es bestimmt!"
„Komm sofort aus dem Wasser!", ruft Wiebke.
Vincent zögert kurz, aber es ist klar, dass die Skipperin keinen Widerspruch duldet.
Emma und die Kinder helfen ihm zurück ins Boot.
Vincent setzt die Taucherbrille ab und lässt den Kopf hängen: „Egal, was ich mache, es ist immer falsch!"
Pitschnass stapft er zur Treppe nach unten.
„Warte, du tropfst ja überall Pfützen hin", ruft Emma ihm nach.
Vincent hebt verzweifelt die Arme. „Siehst du, schon wieder falsch!"

Wiebke sieht Gespenster

Doch so leicht lässt Emma Vincent nicht davonkommen. Sie nimmt ihn zur Seite und redet mit ihm. Der Wind weht Fetzen ihrer Unterhaltung zu Conni herüber. Deshalb hört sie, worüber die beiden sprechen, obwohl sie nicht lauschen will.

„Du weißt doch, dass Wiebke die Kapitänin ist“, sagt Emma. „Später, wenn du selbst mal Kapitän bist, kannst du alles anders machen. Aber hier an Bord musst du auf sie hören.“

Vincent windet sich. „Ich wollte doch nur helfen!“

Emma legt ihm ein Badetuch um die Schultern.

„Sag meinem Papa nichts davon“, bittet Vincent kleinlaut.

Emma lächelt versöhnlich. „Na gut. Aber du hältst dich ab jetzt an die Regeln – so wie alle anderen auch.“

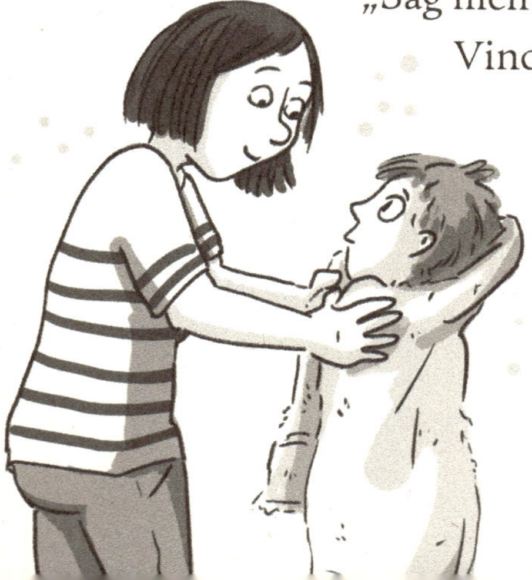

Conni seufzt. Hoffentlich nimmt Vincent sich das zu Herzen und hört auf, so zu tun, als ob er gar nicht dazugehört. Sie haben ihn doch gegen die Piratinnen verteidigt, weil er einer von ihnen ist. Es wäre schön, wenn auch er sich wie einer von ihnen fühlen würde …

Währenddessen taucht Wiebke zum Anker und befestigt die Ankerleine wieder an der Kette. Zurück an Bord, holt sie den Anker mit der Winde hoch, um ihren Knoten zu überprüfen. Schließlich nickt sie zufrieden. „Auf ein Neues!“

„Jetzt soll Conni es versuchen“, sagt Niam.

„Einverstanden“, stimmt Wiebke zu.

„Ich? Aber …“ Conni zögert und blickt fragend zu Yuna.

Yuna strahlt sie an und nickt aufmunternd.

„Keine Sorge, diesmal klappt es“, versichert Wiebke, während sie ihre Haare mit einem Handtuch trocken rubbelt.

Yuna schiebt Conni sanft in Richtung Ankerwinde und Fiete feuert sie an: „Los, Conni, du wirst doch unserer Skipperin nicht widersprechen!“

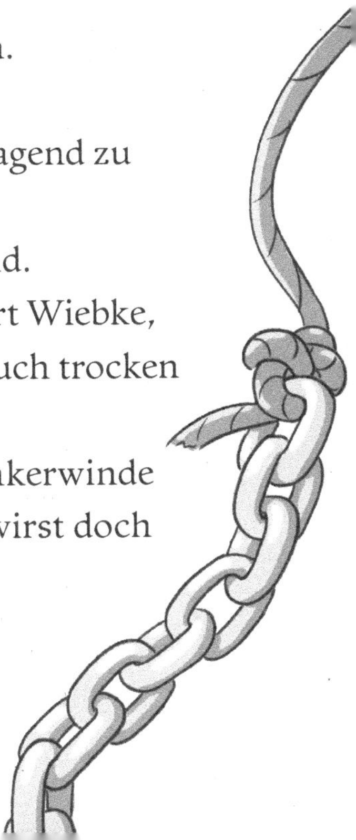

„Auf gar keinen Fall“, sagt Conni grinsend, denn eigentlich freut sie sich auf die Aufgabe. Gespannt hockt sie sich neben die Ankerwinde und drückt auf Wiebkes Kommando den Knopf. Langsam und gleichmäßig senkt sich der Anker in die Tiefe.
„Siehst du, genau so soll es sein“, sagt Wiebke zufrieden.

Emma bereitet einen großen Berg Sandwiches mit Gemüseaufstrichen, Käse, Tomaten und Salat als Mittagessen zu und mixt Fruchtsaftschorle in einer großen Kanne. Während sie die Gläser damit füllt, stürzen sich Ruby und Eddy auf die Tomate-Mozzarella-Sandwiches.
„Lecker! Die macht Papa auch immer“, erzählt Ruby kauend.
Die frische Luft hat die Kinder hungrig gemacht und sie verspeisen alles zusammen an Deck. Yuna sucht Connis Blick und deutet leicht in Vincents Richtung. Der Junge bringt kaum einen Bissen herunter, bemerkt Conni nun.

„Alles okay, Vincent?“, fragt sie.
„Hab keinen Hunger“, antwortet er knapp.
„Schmeckt aber wirklich gut“, sagt Conni.
Doch auch damit kann sie Vincent nicht überreden, mehr zu essen.
Nach der Mittagspause segelt Wiebke die Jacht aufs offene Meer hinaus. Die Wellen sind hier höher. Conni gefällt es, wie das Boot unter ihr schaukelt und der Wind ihr ins Gesicht bläst. Sie sieht jetzt bis zum Horizont nichts als Wasser und ab und zu ein Schiff, das vorbeifährt. Richtig friedlich.
Aber der verlorene Anker geht ihr nicht aus dem Kopf. Schon eigenartig, dass der einfach so ins Meer geplumpst ist. Während sie darüber nachdenkt, wie er sich gelöst haben könnte, fällt ihr plötzlich siedend heiß etwas ein.
Conni läuft zu Yuna, tippt sie an und schreibt auf einen Zettel: „Ich hab letzte Nacht Geräusche an Deck gehört.“
„Was für Geräusche?“, schreibt Yuna darunter.

Ich hab letzte Nacht Geräusche an Deck gehört.

Was für Geräusche?

So ein Rumpeln und Stampfen, als würde jemand herumlaufen.

Hast du das Wiebke gesagt?

Nein, vielleicht irre ich mich ja und hab mir das nur eingebildet. Oder es war der Wind.

Vielleicht aber auch nicht. Ich finde, du solltest Wiebke und den anderen davon erzählen.

Meinst du, es hat was mit dem losen Anker zu tun?

Kann doch sein!

Sie beschließen, gemeinsam zu Wiebke zu gehen. Fiete, Niam, Eddy, Ruby und Vincent haben sich um die Skipperin geschart, um ihr beim Steuern zuzusehen.

„Ich muss euch was erzählen“, sagt Conni und alle spitzen die Ohren. „Ich glaube, ich hab letzte Nacht etwas gehört. Kann sein, dass es gar nichts zu bedeuten hat, aber …“ Sie berichtet von den Schritten an Deck.

Die Skipperin blickt über das Steuerrad aufs Meer und runzelt die Stirn. „Vielleicht haben wir ja einen Klabautermann an Bord“, murmelt sie.

„Einen … was?“, fragt Conni.

„Einen Klabautermann!“, ruft Ruby begeistert. „Wir waren mit unseren Eltern in Bremerhaven, da gibt es einen Brunnen mit einer Klabautermann-Figur.“

„Und was ist ein Klabautermann?“, fragt Conni.

„Ein Schiffskobold, ein kleiner Mann, der als Geist auf dem Schiff herumspukt und gern Unsinn macht“, erzählt Vincent. „Er klopft gegen die Schiffswände, weil er sie reparieren will.“

„Den hast du bestimmt gehört“, ruft Niam.
„Ein Geist soll die Ankerkette von der Leine gelöst haben?“, fragt Conni zweifelnd.
Wiebke lacht. „Das denke ich kaum. Der Klabautermann ist ein freundlicher Geist. Er warnt die Seeleute vor Gefahren, aber er führt das Unheil nicht selbst herbei.“
Conni sieht die Skipperin überrascht an. Auch wenn Wiebke den Klabautermann nicht für den verlorenen Anker verantwortlich macht, scheint sie doch daran zu glauben, dass es den Kobold gibt.
Wiebke bemerkt ihren Blick und zwinkert Conni zu. „Wir Seeleute sind alle ein bisschen abergläubisch!“

Noch mehr Piratinnen und Piraten

Am späten Nachmittag steuert Wiebke einen kleinen Hafen auf Hiddensee an. „Hier bleiben wir bis morgen früh“, sagt sie.
„Es gibt einen schönen Strand auf der anderen Seite der Insel“, erzählt Emma. „Dort können wir noch ins Meer springen.“
„Aber das dauert doch bestimmt ewig, bis wir auf der anderen Inselseite sind“, mault Fiete.
Emma grinst. „Hiddensee ist hier so schmal, dass wir zu Fuß nur zehn Minuten brauchen.“
Yuna macht Conni ein Zeichen und Conni versteht: „Wir holen unsere Badesachen“, ruft sie voll Vorfreude. Yuna winkt auch die anderen zur Treppe nach unten und die Kinder schließen sich ihnen an. Plappernd eilen sie zu den Kajüten.

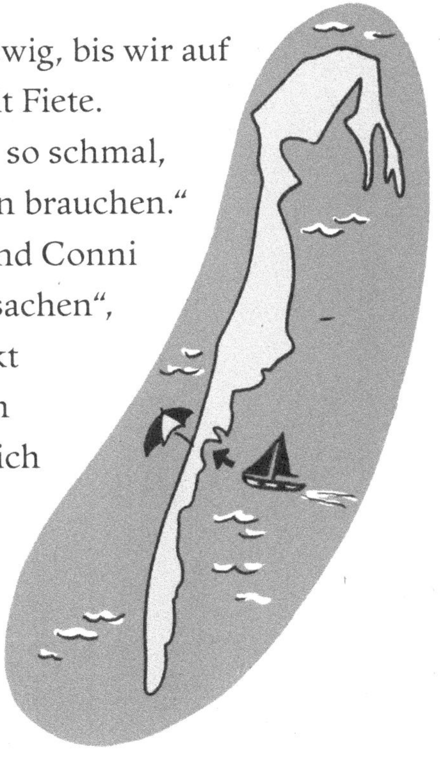

Wenig später versammeln sie sich mit ihren Badetaschen auf dem Steg. Sie müssen noch auf Emma warten. Nur Vincent sitzt ohne seine Sachen an Deck und macht keine Anstalten, das Schiff zu verlassen.

„Was ist?“, ruft Ruby ihm zu. „Kommst du nicht mit?“

„Keine Lust“, brummt Vincent.

„Wenn du vorhin nicht nach dem Anker getaucht wärst, könnte man denken, dass du gar nicht schwimmen kannst“, behauptet Niam.

„Klar kann ich schwimmen“, entgegnet Vincent patzig.

„Wär doch nicht schlimm. Ich hab gelesen, dass viele Seeleute früher Nichtschwimmer waren“, sagt Niam.

„Ich will einfach nicht“, erwidert Vincent. „Und an dem Strand war ich schon tausendmal.“

„Aber nicht mit uns!“, ruft Eddy fröhlich.

„Genau“, stimmt Fiete ihm zu. „Los, jetzt sind wir die Piratinnen und Piraten und du bist der Kapitän. Ohne dich gehen wir keinen Schritt“, sagt er zu Vincent.

Nett von Fiete, findet Conni. Bestimmt hat er das nur vorgeschlagen, um Vincent aufzuheitern. Schließlich ist Vincents Laune gesunken wie der Anker auf den Meeresboden, seit Wiebke mit ihm geschimpft hat.
Obwohl der Nachwuchs-Kapitän nicht auf den Vorschlag eingeht, gibt Fiete nicht auf: „Wir entern die Insel erst auf dein Kommando." Er lässt seine Badetasche auf den Steg fallen, stellt sich breitbeinig hin und verschränkt die Arme vor dem Körper. Die anderen machen es ihm nach, auch Conni, Yuna und sogar Niam. Obwohl Yuna Conni dabei fragend ansieht.

Conni versucht, ihr mit Händen und Füßen zu erklären, was gerade vor sich geht: Sie hält sich ein Auge zu, um eine Piratin darzustellen. Dann salutiert sie vor Vincent, um zu zeigen, dass er der Kapitän ist.

„Haha, das erinnert mich an ein Spiel“, sagt Ruby lachend. „Dabei kriegt man einen Begriff gezeigt, das wäre jetzt *Piratenkapitän*, und den muss man dann vormachen. Die anderen sollen den Begriff erraten.“

„Dann helft mir doch mal“, fordert Conni die Kinder auf.

Sofort beginnen alle, sich Zeichen und Bewegungen für *Piratenkapitän* auszudenken: Fiete deutet mit Eddy einen Säbelkampf an, Ruby schreitet selbstzufrieden entlang des Boots auf und ab und Niam tut so, als ob er mit einem Fernglas das Meer nach Schiffen absucht.

Yunas Grinsen wird immer breiter, aber sie zuckt mit den Schultern, als hätte sie noch immer keine Ahnung, was die anderen ihr eigentlich sagen wollen. Endlich kommt Emma vom Boot und dolmetscht für sie.

„Das hab ich längst verstanden“, gesteht Yuna mit einem frechen Funkeln in den Augen. „Aber ihr seht einfach zu witzig aus!“

„Na warte“, ruft Ruby. „Kitzelangriff!“ Sie stürzt sich auf Yuna, die fröhlich versucht, den Kitzel-Händen zu entkommen. Die beiden kichern so ansteckend, dass auch die anderen Kinder nicht still bleiben können. Conni hat sogar Tränen in den Augen vor Lachen.

Als Yuna Ruby endlich entwischen kann, dreht sie sich zu Vincent um. „Alle haben sich so viel Mühe gegeben. Jetzt musst du auch mitkommen!"
Vincent lächelt schief, dann gibt er sich einen Ruck. „Okay. Ich hole nur schnell meine Badesachen."
Kurz darauf ist er zurück, springt von der Jacht zu ihnen und ruft: „Klar zum Insel-Entern!"
Sie laufen los. Weil es so lustig war, für Yuna eine Bande aus Seeräuberinnen und Seeräubern zu spielen, binden sie sich ihre Badetücher als Umhänge und Kopftücher um und nehmen ihre Piratinnen- und Piratenrollen wieder ein.
Conni muss an ihren kleinen Bruder denken: Das würde Jakob bestimmt gefallen. Nächstes Mal, wenn er sie fragt, ob sie mit ihm Piratenschiff spielt, wird sie nicht mehr sagen, dass sie schon zu groß dafür ist. Sie grinst in sich hinein. Jakob wird sich wundern, wenn sie die witzigen Piraten- und Piratinnengestalten der anderen Segelkinder nachmacht. Jetzt, wo sie sich daran erinnert, was sie sich alles für Yuna ausgedacht haben, muss sie gleich wieder kichern.

Emma geht voraus und grüßt die Menschen, denen sie begegnen, freundlich, als sei es das Normalste auf der Welt, mit sieben Seeräubern und Seeräuberinnen unterwegs zu sein. Die Leute blicken der lustigen Gruppe amüsiert nach.
Schließlich bleibt Conni staunend stehen.
„Wow, ist das schön!“

Wer klopft denn da?

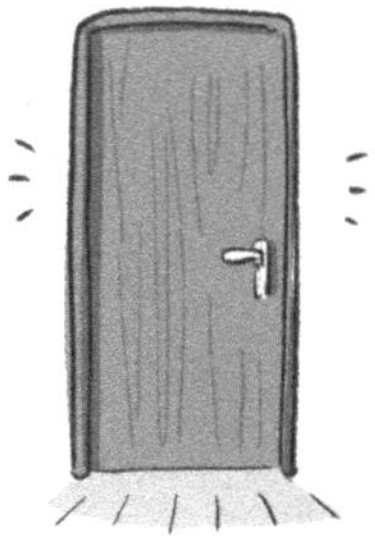

Emma und die Kinder haben den Strand an der Westseite von Hiddensee erreicht. Das lange Band aus weißem Sand liegt quer vor ihnen und dahinter erstreckt sich das Meer bis zum Horizont.
„Der Strand zieht sich an der ganzen Inselseite entlang bis zur Südspitze", erzählt Vincent stolz, als hätte er diesen Platz als Allererster entdeckt.
Conni löst ihre Schnürsenkel, streift Schuhe und Socken ab, gräbt ihre Füße in den warmen Sand und lächelt zufrieden. Neben ihr zeichnet Yuna mit den nackten Zehen eine Sonne in den Sand. Niam und Fiete rennen an ihnen vorbei in Richtung Meer. Conni sieht sich um: Die ganze Bande stolpert inzwischen über den warmen Strand und genießt den Landgang.
„Los, wir bauen uns ein Schiff!", ruft Eddy, als alle Badekleidung anhaben und eingecremt sind.
Emma übersetzt für Yuna und schon geht es los.

Die Kinder laufen zusammen und häufen rund um ihre Gruppe Sand als Schiffswände auf.
„Heiß auf Großsegel!", befiehlt Käpt'n Vincent und die anderen halten ihre Badetücher als Segel in den Wind.
„Jetzt will ich mal Kapitänin sein", ruft Ruby nach einer Weile.
„Meuterei!", brüllt Niam. „Wir werfen Käpt'n Vincent ins Meer!"
Kreischend stürzen sich die Kinder auf den lachenden Vincent und schieben ihn zum Wasser.
Vincent ergibt sich giggelnd und springt mit den anderen in die Wellen.
Conni blickt zu ihm: Endlich sieht er entspannt und glücklich aus. Wahrscheinlich ist er der erste Kapitän der Welt, dem eine Meuterei so guttut!

Am Abend spielen sie wieder Karten, aber diesmal an Deck unter dem Sternenhimmel. Ab und zu legt Conni den Kopf in den Nacken und freut sich über das Funkeln hoch über ihr. Zu Hause sieht sie nie so viele Sterne. Bestimmt, weil es hier im kleinen Hafen viel dunkler ist als in der Stadt. Sie zeigt Yuna die schönsten und Yuna deutet auf die Sterne, die ihr am besten gefallen.
Dann ist es schon Zeit zum Schlafengehen. Gemeinsam schlendern die Kinder unter Deck. In der Kajüte kriecht Yuna in ihr Bett und winkt zu Conni herüber.
„Wenn du wieder Geräusche hörst, weck mich!“, sagt sie. Conni nickt, obwohl es ihr lieber wäre, wenn es heute ruhig bliebe.
„Gute Nacht“, gebärdet Conni, bevor sie das Licht ausschaltet, und Yuna antwortet ihr auf die gleiche Weise.

Diesmal braucht Conni länger, um in den Schlaf zu finden. Die vielen Erlebnisse des Tages spuken noch in ihrem Kopf herum. Doch die Aufregung hat sie auch müde gemacht. Schließlich dämmert sie weg. Kurz darauf lässt ein Klopfen sie hochschrecken. Es ist dunkel in der kleinen Kabine. Conni hält die Luft an und lauscht. Da ist auch ein Schlurfen zu hören. Wahrscheinlich nur ein Kind auf dem Weg zur Toilette, denkt sie und sinkt zurück auf ihr Kissen. Doch das Klopfen wird lauter, jetzt ist es direkt an der Kajütentür!

Conni bekommt vor Anspannung einen heißen Kopf. Soll sie aufstehen und nachsehen? Vielleicht ist es wirklich ein anderes Kind, vielleicht aber auch nicht …

Das Klopfen wird zu einem Scheuern und Kratzen. Das ist Conni endgültig zu viel. Sie rutscht aus ihrem Bett und beugt sich zu Yuna.

„Wach auf!“ Conni schüttelt sie sanft.

Yuna gähnt und richtet sich auf.

Conni schaltet das Licht an. Sie sucht nach Zettel und Stift.

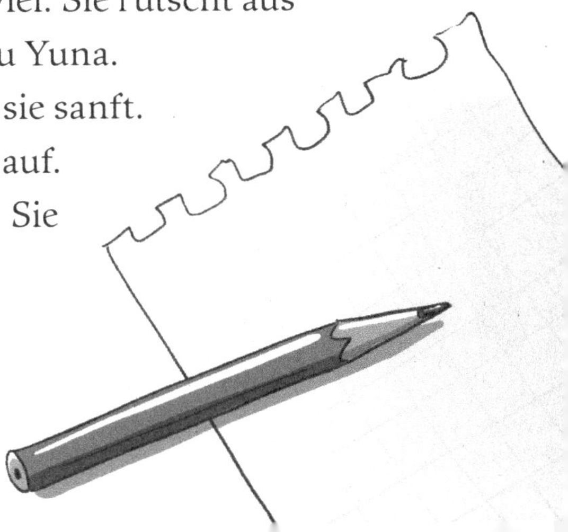

„Draußen ist jemand, es klingt total gruselig“, schreibt sie hastig.
Yuna sieht sie mit großen Augen an.
Conni zeigt zur Kabinendecke. „Jetzt sind die Geräusche über uns!“
„Der Klabautermann?“, fragt Yuna.
Conni zögert. „Glaubst du?“
Yuna schüttelt den Kopf und springt aus ihrem Bett. „Komm, wir sehen nach.“
„Warte!“ Das geht Conni zu schnell. Sie will Yuna zurückhalten, aber die ist schon bei der Tür. Yuna öffnet sie und tritt aus der Kajüte. Sofort weicht sie zurück.
„Was ist los?“, fragt Conni erschrocken.
Yuna ist mit Niam zusammengestoßen.
„Hast du auch was gehört?“, fragt Conni ihn.
Niam nickt. „Klingt wie Geisterspuk!“
Sie schleichen hintereinander durch das dunkle Schiff zur Treppe.
„Huaaa!“, keucht Niam und bleibt abrupt stehen.
Conni und Yuna laufen in ihn hinein.
„Was ist passiert?“, will Conni wissen. Dann sieht

sie Vincent, der unerwartet vor Niam in der Küche steht.
„Boa, hast du mich erschreckt“, faucht Niam ihn an. „Was machst du denn jetzt hier?“
„Nächtlicher Futteranfall?“, fragt Conni kichernd.
Ein Rumpeln über ihren Köpfen unterbricht das Gespräch.

„Das ist er“, sagt Vincent geheimnisvoll. „Der Klabautermann!“
Conni spürt einen kalten Luftzug. „Gibt es hier etwa wirklich einen?“
„Auf jedem guten Schiff gibt es einen“, antwortet Vincent ernst.
Langsam steigen sie die Treppe hinauf.
„Ich bin gespannt, ob wir ihn sehen“, flüstert Niam.
„Das wäre gar nicht gut“, entgegnet Vincent.
„Warum?“, fragt Conni.
„Wenn man den Klabautermann sieht, ist es zu spät“, erklärt Vincent. „Er zeigt sich erst, kurz bevor das Schiff untergeht!“
„Zum Glück sind wir im Hafen“, bemerkt Niam.
Oben angekommen, drehen sie ihre Köpfe in alle Richtungen. Yuna stupst Conni an und deutet blass mit dem Kinn zum Bug. Connis Knie zittern leicht. Dort hockt eine schmale Gestalt im gelben Regenmantel, die Kapuze tief ins Gesicht gezogen.

Der Klabautermann

Im schwachen Licht der Hafenbeleuchtung sieht der kleine Kapuzenmann ziemlich schaurig aus. Vincent und Niam entdecken ihn nun auch.
„Ist er das? Der Klabautermann?“, flüstert Conni. Sie spürt eine Bewegung hinter ihrem Rücken und gleich darauf ertönt ein Schrei: „Aaahhh, ein Gespenst!“
Conni fährt herum. Der Schrei stammt von Ruby. Conni hat keine Ahnung, wo sie plötzlich hergekommen ist. Auch Eddy taucht neben seiner Schwester auf. „Hiiilfeee! Der Klabautermann!“, ruft er panisch.
Das Erscheinen der Geschwister erschreckt Conni zusätzlich so sehr, dass sie ebenfalls losschreit. Niam und Vincent geht es genauso.

Kreischend stolpern die Kinder übers Deck, rumpeln aneinander und suchen das Weite, doch der Platz auf dem Schiff ist begrenzt.
Nur Yuna wagt sich zwei Schritte auf die rätselhafte Gestalt zu und blickt staunend zwischen dem Klabautermann und dem Chaos, das die anderen veranstalten, hin und her.

„Was ist denn hier los?“ Wiebke steht auf einmal auf der obersten Treppenstufe.

Alle halten wie versteinert inne.
„Ein Kla…, ein Klabautermann“, sagt Niam und zeigt zum Bug.
Aber dort liegt nur noch der leere gelbe Regenmantel.
„Gerade hat er noch da gesessen, wir haben ihn alle gesehen“, beteuert Conni.
„Ab in die Kojen“, ruft Wiebke. „Sofort!“
Kleinlaut folgen die Kinder der Skipperin zurück nach unten.
Conni hört, dass Eddy seiner Schwester etwas zuflüstert: „Wo ist Fiete?“ Conni dreht sich zu den beiden um. „Fiete war der Klabautermann! Stimmt's?“
„Ja“, gibt Ruby leise zu. „Wir wollten euch einen Streich spielen.“
„Aber jetzt weiß ich nicht, wohin Fiete verschwunden ist“, sagt Eddy. „Hoffentlich ist er nicht vom Boot ins Wasser gesprungen, als Wiebke kam!“
„Ich will nichts mehr hören.
Gute Nacht“, sagt Wiebke,

die nichts von ihrer Unterhaltung mitbekommen hat. Sie zieht ihre Kajütentür hinter sich zu.
„Wir müssen Fiete suchen“, zischt Ruby.
„Pssst! Ich bin hier.“ Fiete taucht grinsend am Fuß der Treppe auf. „Bin schnell auf den Steg gehopst und davongelaufen, als die Kapitänin kam“, erzählt er.
„Du hast mir vielleicht einen Schreck eingejagt“, sagt Eddy erleichtert.
Conni kichert: „Uns anderen aber auch!“
Vincent streckt sich und gähnt. „Aber jetzt lasst ihr uns schlafen, ja?“

Geisternacht

Doch nach dem Abenteuer ist Conni viel zu aufgekratzt, um wieder einzuschlafen. Das war eine witzige Idee von Fiete, Eddy und Ruby! Trotzdem war es gut, dass Wiebke dazugekommen ist. Conni muss zugeben, dass sie sich richtig gegruselt hat.
Im Bett neben ihr wälzt Yuna sich herum. Ist sie etwa auch noch wach?
Tatsächlich, Yuna steht auf und geistert durch die Kajüte.
Conni macht Licht. „Alles in Ordnung?"
„Ich hab Durst", sagt Yuna.
Conni reicht ihr eine Wasserflasche, die neben ihrem Bett steht. Während Yuna trinkt, stutzt Conni. Sind da schon wieder Geräusche an Deck?
Sie schüttelt sich – das kann doch gar nicht sein! Die anderen werden ihnen denselben

Streich kaum zweimal spielen. Aber sie hört Schritte, jetzt ist Conni ganz sicher. Angespannt blickt sie zur Kabinendecke.
„Was ist?“, fragt Yuna. „Wieder Geräusche?“
Conni zögert. Bestimmt wird Yuna denken, dass sie sich das nur einbildet, so oft, wie sie etwas Ungewöhnliches hört.
Yuna streckt sich und gähnt. „Kann sowieso nicht schlafen. Gehen wir rauf.“
Conni ist froh, dass Yuna sie nicht allein lässt. Sie fassen sich an den Händen und huschen durch den Gang. Stufe für Stufe schleichen sie die Treppe hinauf und sehen sich vorsichtig an Deck um.

Doch dort ist niemand. Plötzlich zupft Yuna an Connis Schlafanzugärmel und zeigt in Richtung Steg. Conni entdeckt einen Schatten bei den Leinen, mit denen das Boot festgemacht ist. Der Schatten gehört einem Jungen.

Sie schnappt nach Luft: Er bindet die Jacht los!
Aber das ist doch …
„Vincent!“, ruft Yuna laut.
Der Junge schnellt herum und starrt die Mädchen ertappt an.
„Was tust du da?“, fragt Conni verwundert.
„Ich … gucke nur … ob alles fest ist“, entgegnet Vincent stockend.
Conni legt ihren Kopf schief. „Und dazu bindest du uns los?“
„Ja … nein … ich …“
Vincent sucht nach Worten. „Eigentlich wollte ich die Knoten erneuern. Mir ist eingefallen, dass ich sie nicht ganz richtig gemacht habe.“

Yuna zieht Conni zu ihm auf den Steg und nimmt ihm das lose Leinenende aus der Hand. Sie sieht Vincent zweifelnd an.

Auch Conni kann kaum glauben, dass Vincent bei den Knoten ein Fehler passiert ist. Dafür kennt er sich viel zu gut aus.
„Aber Emma hat doch das Boot festgemacht“, erinnert sie sich außerdem.
„Emma hat … Ach so, ja.“ Vincent blinzelt und wischt sich mit dem Handrücken über die Augen. Weint er etwa?

„Was hast du?“, fragt Yuna.
„Nichts“, sagt Vincent, doch dann schluchzt er so laut, dass Conni zusammenzuckt. Eigentlich will sie Vincent nicht bedrängen.
Aber es ist klar, dass er nicht ehrlich zu Yuna und ihr war. Also fasst sie sich ein Herz. „Was tust du wirklich hier?“
Vincent senkt den Kopf. „Ich wollte die Jacht aufs Meer hinaustreiben lassen“, gesteht er leise.
„Ist das dein Ernst?“, fragt Conni entsetzt. „Warum?“
Yuna beobachtet die beiden genau. Conni versucht,

ihr mit den Händen zu erklären, was Vincent vorhatte. Nun sieht Yuna ihn erschrocken an.
„Dann hätte ich euch retten können", antwortet Vincent. „Ich hätte Alarm geschlagen und das Boot zurück in den Hafen gesegelt. Wiebke hätte meinem Papa davon erzählt und er wäre stolz auf mich gewesen."
Schlagartig wird Conni einiges klar: „Hast du etwa auch den Fender losgemacht letzte Nacht? Und den Anker?"

Vincent starrt auf seine Füße. Er antwortet nur zögernd.
„Ja, damit ich sie zurückholen kann und mein Papa mich toll findet. Aber dann wart ihr alle so nett zu mir. Und als ich vorhin angefangen habe, das Schiff loszumachen, kam ich mir ganz schrecklich vor."
„Wenn wir nicht gekommen wären, hättest du uns alle in Gefahr gebracht!", schimpft Conni. Ihr fällt

plötzlich noch etwas auf. „Niam, Yuna und ich haben dich doch vorhin bei der Küche getroffen. Wolltest du da auch schon hierher?“

Vincent lächelt müde. „Ja, Fiete, Eddy und Ruby sind mir mit ihrem Klabautermann-Streich dazwischengekommen. Danach hab ich überlegt, die ganze Sache zu vergessen. Aber das konnte ich nicht.“

„Wegen deinem Vater?“, hakt Conni nach.

Vincent schluckt. „Ja.“

Sie merkt, wie verzweifelt er ist. Vincent legt wohl sehr viel Wert darauf, was sein Papa über ihn denkt. Und er scheint das Gefühl zu haben, dass er irgendeine Heldentat vollbringen muss, um ihn zu beeindrucken. Schon erschreckend, welches Risiko Vincent dafür fast eingegangen wäre!

„Aber warum …?“, setzt Conni noch einmal an.

„Papa merkt doch oft gar nicht, dass es mich überhaupt gibt“, sagt Vincent traurig. Er deutet auf die gelöste Leine. „Wenn er das hier erfährt, nimmt er mich nie wieder mit zum Segeln.“

„Aber du möchtest gern mit ihm segeln, oder?“, fragt Conni.

Vincent nickt. „Ja, auch wenn ich es noch nicht perfekt kann. Ich werde ja doch nie gut genug für Papa.“

„Wir müssen ja niemandem erzählen, was hier passiert ist“, sagt Conni. Sie blickt zu Yuna, die im Mondlicht von ihren Lippen liest.

„Aber du darfst ab jetzt nichts mehr kaputt machen“, fügt Conni hinzu.
„Tut mir echt leid. Ich mach das nicht mehr“, versichert Vincent.
Conni sieht ihn nachdenklich an. Sie hätte vermutet, dass Vincent mit seiner reichen Familie, den Jachten und dem Haus am Meer alles hat, um glücklich zu sein. Da hat sie sich wohl geirrt.
„Dein Vater ist doch gar nicht hier“, sagt sie schließlich. „Uns musst du nichts beweisen. Du bist doch unser Piratenkapitän, wir mögen dich so, wie du bist.“
Yuna ahnt, was Vincent zu schaffen macht. „Du musst nicht immer besser sein als alle anderen“, sagt sie.
Vincent lächelt schief. „Hab verstanden. Ist mir jetzt sowieso egal, was Papa von mir hält.“ Das kann Conni ihm nicht so ganz glauben. Aber sie freut sich, als er hinzufügt: „Viel wichtiger ist, dass ich euch kennengelernt habe!“

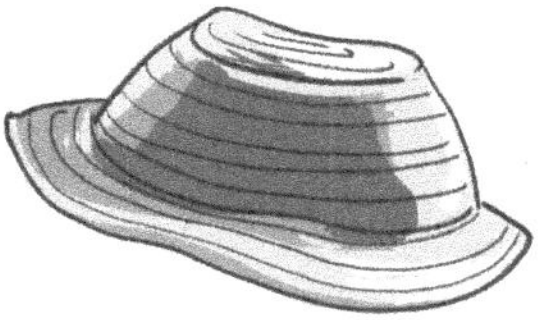

Land in Sicht

Am nächsten Tag ist Vincent wie ausgewechselt. Er lacht mit Conni und den anderen und bringt ihnen Schiffsknoten bei.

„Die Knoten sollen richtig gut halten. Aber wenn es nötig ist, muss man sie auch schnell wieder aufmachen können“, erklärt er. „Zuerst zeige ich euch den *Achtknoten,* der ist einfach: Dazu formt ihr die Leine zu einer 8 und zieht das Ende durch die Schlinge, die ihr zuerst gelegt habt …“ Er führt es vor, dann dürfen alle es ausprobieren. Yuna ist ziemlich geschickt, aber auch Fiete hat ein Händchen für Knoten.

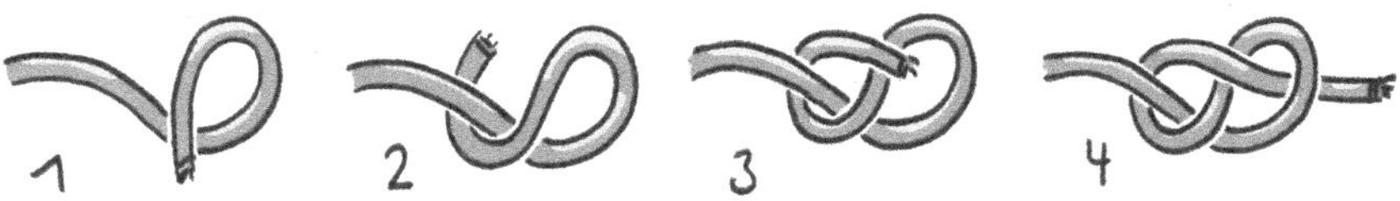

„Du bist ein toller Segellehrer“, bemerkt Conni. Vincent bekommt ganz rote Wangen vor Freude und erklärt schnell den nächsten Knoten.

Als sie schließlich nach Stralsund zurückkehren, warten ihre Eltern und Geschwister bereits am Hafen. Sie winken und strahlen, als die Jacht auf den Steg zusteuert. Conni und die anderen an Bord winken fröhlich zurück.
Wiebke legt an und die Kinder springen an Land. Conni läuft sofort zu Jakob, Mama, Papa, Oma und Opa und schließt sie nacheinander in ihre Arme.
„Es ist so schön, dass ihr alle hier seid", freut sie sich.
Aber sie muss ja noch ihr Gepäck holen!
So wie ihr geht es auch den anderen Kindern, deshalb wird es auf einmal hektisch: Alle drängen nach unten in die Kajüten, rempeln im Schiff fröhlich aneinander und eilen mit ihren Taschen wieder hinauf. Auch Wiebkes Ermahnungen helfen da nicht: „Immer mit der Ruhe! Wir haben alle Zeit der Welt!"
Conni setzt sich Annas roten Fischerhut gar nicht richtig auf, sie stülpt ihn nur leicht über ihren Kopf. Als sie von Bord gehen will, passiert es: Der Wind greift nach dem Hut und weht ihn über die Jacht hinweg ins Hafenbecken.

„Oh nein", ruft Conni entsetzt. Noch schaukelt Annas Hut auf den Wellen, aber der Stoff saugt sich mit Wasser voll, gleich wird er untergehen! Ohne zu zögern, springt Vincent hinterher. Mit wenigen Schwimmbewegungen ist er bei dem roten Hut und packt ihn.
„Er hat ihn!", freut sich Conni. Auch die anderen Kinder und ihre Familien jubeln und applaudieren.

Vincent schwimmt zum Steg und sie helfen ihm heraus.
„Danke!“, sagt Conni, als er ihr klatschnass den Hut in die Hand drückt.
„Das war die Seetaufe“, entgegnet er grinsend. „Das bedeutet, dass du noch mal wiederkommen musst!“
Conni vermutet, dass er sich diese Regel gerade ausgedacht hat, aber das ist ihr egal. „Ja, das mache ich“, sagt sie fröhlich. „Mit meiner Freundin Anna, ihr gehört der Hut nämlich!“
„Hast du super gemacht, Vincent“, lobt Herr Scheffelholm und klopft seinem Sohn stolz auf die Schulter.
Vincent strahlt übers ganze Gesicht. „War doch klar“, murmelt er beiläufig.
Yuna lächelt, gibt Conni einen kleinen Schubs und deutet auffordernd in Richtung Vincent und Herr Scheffelholm.
Conni weiß, was sie meint, und nimmt all

ihren Mut zusammen. „Vincent ist auch ein toller Segler“, sagt sie zu Vincents Papa. „Sie können ihn ruhig öfter mitnehmen!“

Herr Scheffelholm sieht erst Conni und Yuna, dann seinen Sohn überrascht an.

„Möchtest du das denn?“, fragt er Vincent. „Ich dachte, du langweilst dich mit mir altem Mann!“

Vincent schüttelt heftig seinen Kopf. „Na klar will ich mit dir segeln!“

Sein Papa geht in die Knie, sodass er Vincent direkt ins Gesicht blicken kann. „Dann machen wir das nächstes Wochenende. Nur wir zwei, okay? Fest versprochen!“

Vincent nickt glücklich und Conni erkennt, dass kleine Tränen in seinen Augen glitzern. Erleichtert verabschiedet sie sich von Emma, Wiebke, von allen Kindern und ganz besonders von Yuna.

„Auf Wiedersehen“, gebärdet Conni, so wie Yuna es ihr beigebracht hat.
„Bis bald“, sagt Yuna.
Als sie schließlich unter sich sind, umarmt Conni ihre Familie noch einmal stürmisch. „Ich bin so froh, euch zu haben“, ruft sie. „Euch muss ich nichts beweisen, ihr lasst mich einfach so sein, wie ich bin!“
Mama und Papa sehen sie etwas verwundert an – mit so einem Gefühlsausbruch haben sie wohl nicht gerechnet.
Aber jetzt braucht Jakob erst mal die ganze Aufmerksamkeit der Familie.
„Es war ganz schön am Meer!“, ruft er.
Er hat so viel erlebt. Und das will er Conni nun sofort und alles auf einmal erzählen.

Conni lernt Gebärdensprache

Es gibt viele Sprachen auf der Welt – und nicht alle von ihnen werden wirklich laut gesprochen. Die **Deutsche Gebärdensprache**, oft „DGS“ abgekürzt, ist in Deutschland seit 2002 als eigenständige Sprache anerkannt. In dieser Sprache werden Handzeichen und Handbewegungen, die Mimik, das Mundbild und die Körperhaltung benutzt, um miteinander ins Gespräch zu kommen.

In diesem Buch lernt Conni ein paar Gebärden von Yuna, die wie viele andere Menschen DGS nutzt. Yuna nennt sich selbst *gehörlos*. In den vergangenen Jahren hat sich das Wort „taub“ als Selbstbezeichnung stark verbreitet und an vielen Stellen „gehörlos“ ersetzt. Jüngere Menschen bevorzugen oft auch das englische Wort „deaf“. Am besten fragst du eine Person, wie sie bezeichnet werden möchte.

Viele Menschen, die sich in Gebärden unterhalten, sind taub/gehörlos oder schwerhörig. Aber auch hörende Menschen können DGS lernen!

Diese Gebärden bringt Yuna Conni bei:

Gute Nacht

Himmel

Das Fingeralphabet

Ein Fingeralphabet ist zum Beispiel hilfreich, wenn man einen Namen buchstabieren möchte. Es gibt kein einheitliches deutsches Fingeralphabet. Je nach Region können einzelne Buchstaben unterschiedlich gebärdet werden (also so ähnlich, wie es auch im Gesprochenen verschiedene Dialekte gibt). Eine weit verbreitete Fassung des Fingeralphabets siehst du auf dieser Doppelseite.

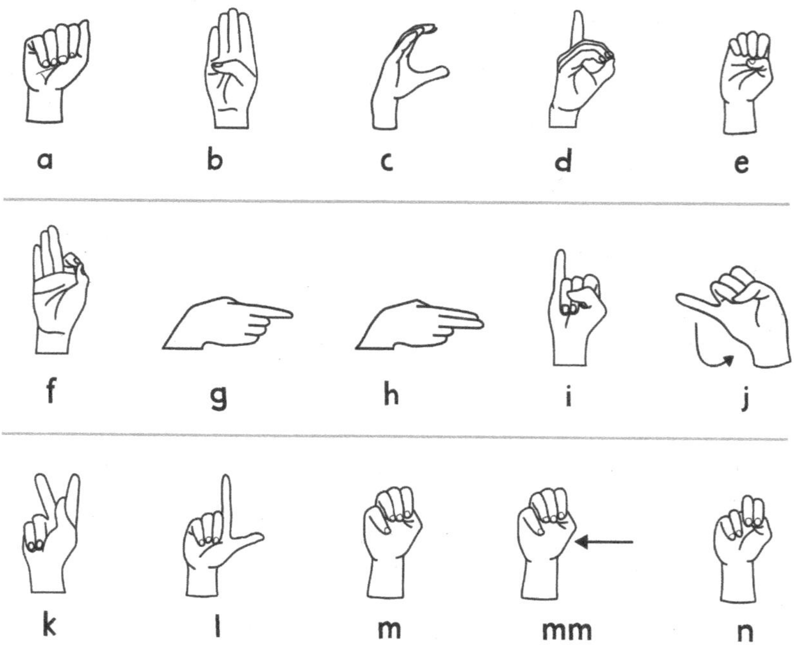

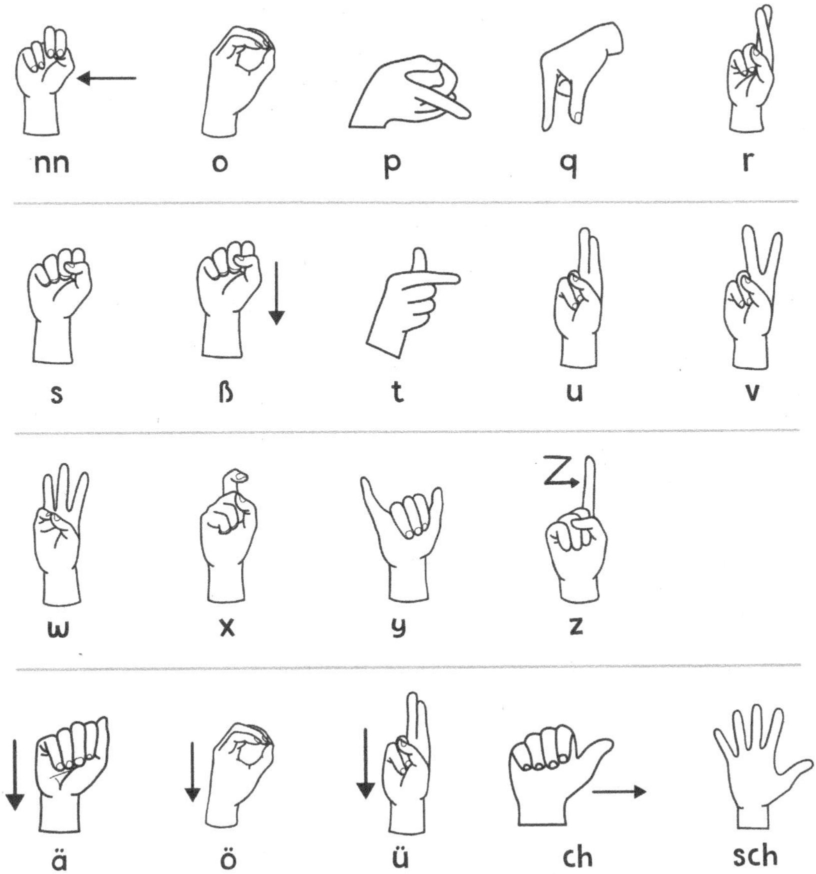

Die Abbildungen dieses Fingeralphabets hat der Verlag Karin Kestner erstellt und uns zur Verfügung gestellt. Beim Verlag Karin Kestner gibt es noch mehr Informationen zur Deutschen Gebärdensprache und Hilfestellungen für Eltern, z. B. für die Antragstellung zur Kostenübernahme von Produkten zur Deutschen Gebärdensprache bei den Krankenkassen.

Neugierig auf noch mehr von Conni?

Hier kommt eine Leseprobe aus dem ersten Band der Reihe Conni & Co.

Julia Boehme
Conni & Co
224 Seiten
978-3-551-55871-8

Schlechter Start

„Morgen ist es so weit“, sagt Anna.
Billi nickt. „Ich bin schon so gespannt auf die neue Schule!“
„Na, und ich erst!“, ruft Conni. „Diesmal hätten die Sommerferien echt kürzer sein können!“
„Guten Appetit!“ Die Bedienung wuchtet einen riesigen Eisbecher auf den Tisch: zwölf Kugeln mit Früchten, Nüssen, Schlagsahne und Waffeln und obendrauf noch jede Menge Schokoladensoße.
Ehrfürchtig putzt Billi die Hände an ihrer Tigerhose sauber. „Eigentlich ist der Amorbecher ja für Verliebte.“
„Ja, stimmt“, seufzt Anna gedankenverloren.
„Na gut, wenn ihr nicht wollt ...“ Conni schnappt sich eine Kirsche. „Ich warte jedenfalls nicht, bis ich verliebt bin!“
Anna und Billi greifen blitzschnell zu ihren Löffeln. Kommt ja überhaupt nicht infrage, dass Conni das

ganze Eis alleine isst! Dann ist es erst mal eine Weile still am Tisch.

„Meine Zunge ist fast erfroren“, lispelt Billi schließlich. „Ich schmeck schon gar nichts mehr.“

„Das ist auf jeden Fall Schoko“, sagt Conni und schiebt sich den letzten Rest in den Mund.

„Das war Schoko, meinst du wohl“, stellt Anna fest. Ein bisschen spitz, denn schließlich isst sie Schokoladeneis auch am liebsten.

„Schon komisch, dass wir die Einzigen sind, die aufs Lessing-Gymnasium kommen“, meint Billi unvermittelt.

„Wir und Paul“, ergänzt Conni.

„Nur gut, dass Paul mitkommt und kein anderer Junge“, sagt Anna entschieden.

„Zum Beispiel Torben!“ Conni verdreht die Augen.

„Übrigens, mit Paul hab ich ausgemacht, dass wir uns zu viert zusammensetzen. Das ist doch okay, oder?“ Anna und Billi sind einverstanden.

„Mensch, bin ich aufgeregt! Mama meint, jetzt fängt ein neuer Lebensabschnitt an!“ Anna kichert.

„Ja, und mein Opa sagt“, Billi spricht plötzlich mit einer tiefen, rauchigen Stimme: „Billi, jetzt beginnt der Ernst des Lebens!“

„Das wollen wir doch erst mal sehen“, lacht Conni. Feierlich hebt sie ihren Eislöffel. „Auf unsere neue Schule!“

„Auf die neue Schule!“
Drei lange Eislöffel stoßen klirrend zusammen.

Conni und Paul wohnen direkt nebeneinander. Sie gehen schon seit Jahren zusammen zur Schule. Doch heute werden sie zum ersten Mal zusammen zur Schule fahren. Einer der vielen guten Gründe, endlich in die Fünfte zu kommen! Conni lehnt ihr Fahrrad an den Gartenzaun und klingelt.
Doch statt Paul öffnet seine Mutter die Tür. Das heißt, sie macht sie nur einen Spalt weit auf. Wahrscheinlich soll Conni nicht sehen, dass sie noch im Bademantel ist. Conni grinst. Dieses rosa-gelb geblümte Teil ist ja auch echt die Härte.
„Du musst eben warten, Paul ist noch nicht fertig!“, ruft Frau Hauser durch den Spalt. Bevor Conni irgendetwas sagen kann, ist die Tür schon wieder zu. Conni schaut auf ihre Uhr. Ausgerechnet heute trödelt Paul! Wie sollen sie da einen guten Platz kriegen? Anna, Billi, Paul und sie haben sich deswegen extra früh verabredet. Und jetzt? Paul kommt und kommt nicht!
Ungeduldig schaut Conni wieder zur Uhr. Sie ist drauf und dran, alleine loszufahren. Stattdessen

drückt sie noch einmal auf die Klingel. Diesmal reißt Paul die Tür sperrangelweit auf. Seine blonden Haare sind völlig verstrubbelt.
„Bin gleich fertig“, ruft er und stopft sich eine halbe Banane in den Mund. Dann lässt er sich auf den Fußboden plumpsen, um Socken und Turnschuhe anzuziehen.
„Mensch, Paul! Billi und Anna warten schon.“
„Hab verschlafen“, murmelt Paul entschuldigend.
„Verschlafen? Heute?“ Conni kann es nicht fassen. Sie war eine Stunde früher wach als sonst. Vor lauter Aufregung. Aber Conni verbeißt sich jeden weiteren Kommentar. Sie haben es eilig. Und wie!
Schnell schwingen sie sich auf ihre Räder und sausen nebeneinanderher.
„Was sagst du zu meinem neuen Rucksack?“, fragt Conni und fährt ein bisschen schneller, damit Paul den knallroten Rucksack auf ihrem Rücken bewundern kann.
„Jo, nicht übel“, brummt Paul.
Nicht übel! Conni rollt mit den Augen. Das Teil war sauteuer! Wochenlang hat sie daran gearbeitet, Mama und Papa rumzukriegen. Aber Jungs haben ja keine Ahnung!

Anna und Billi warten wie abgemacht bei den Fahrradständern. Anna trägt einen neuen blauen Rock, während Billi wie immer ihre Tigerhose anhat.

„Wo bleibt ihr denn?“, ruft Billi empört. „Ihr seid fast eine Viertelstunde zu spät!“

„Paul hat verschlafen“, erklärt Conni.

„Menno!“ Anna gibt Paul einen Stoß in die Rippen. Doch der grinst nur.

„Los jetzt!“, sagt Conni. Sie traben ins Schulgebäude.

„Wir müssen in Raum B21“, meint Billi. Im Flur ist zum Glück alles ausgeschildert.

„Im ersten Stock!“, ruft Anna.

Also die Treppe rauf. Conni nimmt immer zwei Stufen auf einmal.

Hier ist schon Raum 21. Paul reißt die Tür auf und erstarrt. Wo sind sie denn hier gelandet? Das sieht eher nach einer Abiklasse aus – nach einer Fünften bestimmt nicht!

Einer hat sogar schon einen Bart.

„Ist hier nicht B21?“, fragt Conni mutig.

„Nee, da müsst ihr da rüber.“ Der Bärtige zeigt gelangweilt zum Fenster raus auf ein anderes Haus.

Die vier rasen die Treppe wieder hinunter, suchen die Tür zum Hof und laufen zu dem anderen Gebäude hinüber. Ein großes blaues B prangt über der Eingangstür. Warum haben sie das nicht gleich gesehen? Keuchend rennen sie die Treppe hoch.

„Hier muss es sein“, meint Conni und schaut neugierig ins Klassenzimmer.
Ja, diesmal sind sie richtig: Hier sind alle in ihrem Alter.
Der Raum sieht allerdings nicht besonders einladend aus. Es gibt nichts weiter als vier lange Bankreihen und das Lehrerpult. Die braungelben Vorhänge sind ziemlich zerschlissen. Die Wände sind kahl und könnten einen neuen Anstrich vertragen. Das Einzige, was nicht schon 100 Jahre alt ist, ist das Whiteboard vorne.
Conni muss an ihr altes Klassenzimmer denken: voller Bilder, Poster, Pflanzen. Und dann die Leseecke mit dem großen Sofa!
Anna drängelt sich an ihr vorbei. „Los, ganz vorne sind noch Plätze frei!“
Es sind die letzten vier freien Plätze nebeneinander. Sie haben keine Wahl mehr. Und das alles nur wegen dem doofen Paul! Aber die erste Reihe ist ja auch nicht schlecht ...
Sie nehmen ihre Rucksäcke ab. Plötzlich stutzt Paul.
„He, Mark“, ruft er einem Jungen in der zweiten Reihe zu.
„Was machst du denn hier?“
„Was wohl? Ich geh zur Schule!“
Paul strahlt, dass seine Sommersprossen fast zu

leuchten anfangen. „Ich wusste ja gar nicht, dass wir in die gleiche Klasse kommen."
„Na, ich doch auch nicht." Mark räumt den Platz neben sich frei. „Komm, setz dich!"
„Äh, ich ..." Paul schaut zu Conni rüber.
Mark folgt seinem Blick. „Du willst dich doch nicht etwa zu den Mädels setzen?"
„Ist denn neben dir noch frei?", fragt Paul zögernd.
„Nee, hier ist besetzt: Da sitzt du nämlich." Mark grinst.
Paul rutscht auf den Platz neben ihm.
Conni starrt Paul fassungslos an. Er zuckt nur kurz mit den Schultern. Das ist alles.
Anna verzieht das Gesicht. „Na, toll! Wegen dir sind wir so spät. Und dann das!"
„Ist doch egal", behauptet Conni. Sie ist viel zu stolz, um Paul zu zeigen, wie sauer sie ist. „Dann sitzen wir eben zu dritt!"
Gerade packen sie ihre Sachen aus, als drei Mädchen auf sie zustolzieren. Sie haben sich untergehakt und bauen sich nun vor Conni, Anna und Billi auf. Irgendwie sehen sie sich ähnlich. Zumindest tragen sie alle denselben Lidschatten und glänzendes rosa Lipgloss. Das Mädchen in der Mitte wirft mit einer ausladenden Kopfbewegung seine goldblonden Haare zurück.
„Was wollt ihr denn hier?", fragt es und rümpft angewidert die Nase. „Ihr habt hier nichts zu suchen!"

„Ach, ist das etwa nicht die 5a?“ Conni schaut das Mädchen herausfordernd an.
„Doch“, antwortet die Blonde gedehnt. „Sagt bloß, ihr seid die Neuen?“
Die Neuen! Conni lässt das Mädchen nicht aus den Augen: Was ist das denn für eine?
„Hier sind doch alle neu, oder?“, gibt sie zurück.
„Falsch!“ Das Mädchen schaut sich um, als sei das Klassenzimmer sein persönliches Königreich. „Wir kennen uns alle aus der Grundschule. Nur ihr seid neu!“ Kalt lächelnd stemmt es seine Hände in die Hüften. „Und eins sage ich euch: Wir wollen euch hier nicht!“
„Das hast du ja wohl nicht zu bestimmen!“ Conni funkelt das Mädchen an.
„Was ist das denn für eine Zicke!“, murmelt Billi entsetzt.
Zum ersten Mal mischt sich eins der beiden anderen Mädchen ein.
„Janette ist keine Zicke, hörst du!“ Fauchend zeigt sie Billi ihre glänzende Zahnspange.
Janette tut, als habe sie nichts mitbekommen. Lässig setzt sie sich auf Connis Tisch. „Im Übrigen sind das hier unsere Plätze. Setzt euch gefälligst woandershin!“

DAS GIBTS NUR IM MÄRCHEN? DACHTE MARIE AUCH!

Corinna Wieja
FAIRY TALE CAMP 1: DAS MÄRCHENHAFTE INTERNAT
Hardcover
288 Seiten
ISBN 978-3-551-65445-8
Auch als E-Book erhältlich

MARIES LEBEN FÜHLT SICH REICHLICH UNMAGISCH AN – bis sie wegen ihrer ungewöhnlichen Fähigkeiten ins Fairy Tale Camp eingeladen wird. In dem märchenhaften Internat lernt sie Ro, Poppy, Ella, Will und Jake kennen, die allesamt behaupten, das Erbe ehrwürdiger Märchenfamilien fortzuführen. Aber was haben magische Brunnen, verhexte Wirbelstürme und verwunschene Bilder mit Maries Leben und dem Verschwinden ihrer Mutter zu tun? Eine dunkle Macht wirft längst ihre Schatten über die magische Welt der Fairys.

WWW.CARLSEN.DE

CARLSEN

Wir produzieren nachhaltig

- Klimaneutrales Produkt
- Papiere aus nachhaltigen und kontrollierten Quellen
- Hergestellt in Deutschland

FSC www.fsc.org
MIX
Papier | Fördert gute Waldnutzung
FSC® C014496

Text: Barbara Iland-Olschewski
Fingeralphabet (c) Verlag Karin Kestner
Umschlag- und Innenillustrationen: Sabine Legien
Umschlaggestaltung: Sabine Reddig
Lektorat: Sabine Hannich
Sensitivity Reading: Ludmila Schmidt
Produktionsmanagement: Wiebke Düsedau
Satz: Karin Kröll, Hamburg
ISBN 978-3-551-19172-4
www.carlsen.de

Niam

Ruby

Vincent und ich